CODIFICATION
DES RÈGLEMENTS
D'ADMINISTRATION ET DE POLICE

EN VIGUEUR

AU SÉNÉGAL ET DÉPENDANCES

PAR

FRÉDÉRIC CARRÈRE (O. ✠),

Docteur en droit,

Président de la Cour impériale du Sénégal, Chef du service judiciaire.

(2e ÉDITION.)

SAINT-LOUIS (SÉNÉGAL).

Imprimerie du Gouvernement.

1865.

CODIFICATION

DES RÈGLEMENTS

D'ADMINISTRATION ET DE POLICE

EN VIGUEUR

AU SÉNÉGAL ET DÉPENDANCES.

CODIFICATION

DES

RÈGLEMENTS

D'ADMINISTRATION ET DE POLICE

EN VIGUEUR

AU SÉNÉGAL ET DÉPENDANCES

PAR

FRÉDÉRIC CARRÈRE (O. ✻),

Docteur en droit,

Président de la Cour impériale du Sénégal, Chef du service judiciaire.

(2e ÉDITION.)

SAINT-LOUIS (SÉNÉGAL).

Imprimerie du Gouvernement.

1865.

AVANT-PROPOS

DE LA 1re ÉDITION.

Plus de seize cents actes, d'un intérêt permanent ou temporaire, ont réglé, pour le Sénégal, depuis 1817, les matières d'administration et de police.

Il est donc vraiment difficile, aujourd'hui, de distinguer les dispositions abrogées de celles encore en vigueur.

L'étude de ces dernières demande, d'ailleurs, en raison du nombre des volumes où elles sont disséminées, des recherches minutieuses.

Cette double difficulté, sensible surtout pour les fonctionnaires nouveaux, pouvait jeter quelqu'incertitude dans la marche du service.

En effet, quand la règle n'apparaît pas nettement, l'administrateur hésite à en exiger l'observation, et l'administré qui s'est habitué, quoiqu'à tort, à considérer certains règlements comme tombés en désuétude, s'étonne lorsqu'une poursuite vient lui rappeler leur existence et leur force obligatoire.

Ces inconvénients disparaissent, si on parvient à classer, avec méthode, les actes restés en vigueur.

Si, en d'autres termes, on codifie la législation existante.

J'ai entrepris ce travail.

Il ne contient que les dispositions d'application courante.

Les indications inscrites à la marge donnent d'ailleurs toute facilité pour recourir au texte original.

Quoique j'aie mis dans la recherche et la classifition des éléments qui composent ce recueil une attention scrupuleuse, il aurait été par trop imparfait, si Messieurs les chefs de service ne m'avaient aidé de leurs lumières et de leur expérience.

M. le Gouverneur a, par sa bienveillance, soutenu mon zèle; ses avis ont éclairé ma route. M. Faidherbe peut revendiquer, dans cette œuvre, plus que la part du chef qui encourage; je ne remplis donc qu'un devoir, mais je le fais avec un empressement dévoué, en consignant ici l'expression de ma gratitude.

Fr. CARRÈRE.

Saint-Louis (Sénégal), le 29 juin 1858.

Monsieur le Gouverneur,

En l'année 1858, je fis un travail qui mérita votre approbation.

Les actes par lesquels se règle la police administrative et municipale étaient si nombreux, que la recherche de la disposition encore en vigueur donnait matière à beaucoup d'erreurs : la *Codification* rendit, je le crois, le service plus facile ; mais elle ne comprenait pas les règlements spéciaux à Gorée alors détaché de Saint-Louis.

Il s'est produit, d'ailleurs, depuis l'année 1858, de si nombreux changements dans la législation locale, qu'il devenait urgent de reviser mon premier travail.

Voici, Monsieur le Gouverneur, le fruit de mes nouvelles recherches : j'ai employé tout mon zèle à les compléter, car je tenais à vous offrir l'hommage de mon labeur, surtout au moment où votre santé, ébranlée par ces immenses travaux militaires, politiques et administratifs qui ont inauguré, restauré et consolidé l'influence du nom français depuis le Kaarta jusqu'au Rio-Nunez, vous oblige à demander à la métropole un climat plus doux et des loisirs réparateurs.

Fr. CARRÈRE.

Saint-Louis, le 30 janvier 1865.

Saint-Louis, le 2 février 1865.

Nous, Général de brigade, Gouverneur du Sénégal et dépendances,

Vu le travail de codification des arrêtés locaux sur la police administrative et municipale fait par M. Carrère, chef du service judiciaire,

Décidons :

La codification des arrêtés locaux sur la police administrative et municipale faite par M. Carrère, chef du service judiciaire, sera imprimée à l'imprimerie du Gouvernement, aux frais du budget *Local;* il en sera tiré quatre cents exemplaires dont la répartition sera arrêtée ultérieurement par nous.

La présente décision sera enregistrée à l'imprimerie et au contrôle.

L. FAIDHERBE.

Par le Gouverneur :

L'Ordonnateur,

L. Stéphan.

CODIFICATION
DES RÈGLEMENTS
D'ADMINISTRATION ET DE POLICE
EN VIGUEUR
AU SÉNÉGAL ET DÉPENDANCES.

TITRE PREMIER.
DE LA POLICE ADMINISTRATIVE.

CHAPITRE PREMIER.
DE LA POLICE DES PORTS ET RADES.

SECTION PREMIÈRE.
De la police du port et de la rade de Saint-Louis.

ARTICLE PREMIER.

Le capitaine de port sera chargé, sous l'autorité de l'ordonnateur, de la police des port et rade relative à la marine marchande, et, sous l'autorité du commandant supérieur de la marine, du service du port pour tout ce qui concerne la marine impériale. Article 3 de l'arrêté du 21 juin 1858.

Il rendra compte, tous les jours, à l'ordonnateur, des mouvements des port et rade, et, au commandant supérieur, des travaux du port, ainsi que de tout le service qui a rapport à la marine impériale et au pilotage du fleuve et de la barre.

ART. 2.

Dès qu'un navire sera en vue, le capitaine de port fera hisser le pavillon au mât du Gouvernement, réclamera, au secrétariat Art. 3. de l'arrêté du 6 juin 1829.

du Gouverneur, une expédition de l'instruction adressée à tout capitaine de bâtiment demandant à communiquer avec la colonie, la remettra, ainsi que le baril aux lettres, au chef de Guet-Ndar, et lui prescrira de porter, à son retour, au bureau de la poste, le baril aux lettres.

Art. 8 de l'arrêté du 3 octobre 1853 et 1er de l'arrêté du 10 avril 1854.

Art. 3.

Le capitaine de port fera exécuter strictement, au besoin, les règlements sanitaires de la colonie.

Article 4 de l'arrêté du 6 juin 1829.

Art. 4.

Le navire mouillé en mer, ayant reçu, par la pirogue, les instructions de l'autorité, fait connaître, par un signal dont la formule lui est donnée : 1° si sa patente est nette; 2° s'il n'a point de malades.

Article 3 de l'arrêté du 30 novembre 1864.

Quand la libre pratique lui est accordée, ce qui lui est annoncé par un signal particulier, il peut, de suite, communiquer avec la terre.

Art. 5.

Le capitaine, maître ou patron d'un navire venu de l'extérieur ou allant en mer n'est plus tenu, soit à l'arrivée, soit au départ, de se présenter et de faire aucune déclaration au capitaine de port.

Article 4 de l'arrêté précité.

Mais, quarante-huit heures avant le départ, il doit, par écrit, lui demander un pilote.

Toutefois, les caboteurs, pour descendre à la barre, sont exemptés de cette dernière obligation.

Trois jours à l'avance, le capitaine, maître ou patron annonce, par lettre, son départ au commissaire de l'inscription maritime qui transmet l'avis à l'ordonnateur, au secrétariat du Gouvernement et au bureau de la poste.

La veille ou le jour de son départ, il se présente, en personne, au bureau de la poste et y reçoit, sur son récépissé, les plis et paquets.

L'agent de la poste lui délivre certificat, sur le vu duquel et des papiers du bord, le capitaine de port donne un billet de passe, lequel est remis au capitaine de la barre.

Les contraventions au présent article sont punies d'une amende de 25 à 100 francs.

ART. 6.

La patente de santé, dont est muni tout navire naviguant à l'extérieur, est signée par le secrétaire du conseil de santé et visée par l'ordonnateur. Art. 5 de l'arrêté du 30 novembre 1864.

ART. 7.

Le capitaine de port sera prévenu du placement de tous les navires, et sera le juge naturel de toutes les contestations en matière de place disputée. Art. 7 de l'arrêté du 6 juin 1829.

ART. 8.

Il est expressément interdit de mouiller dans la zone comprise entre les deux lignes de bouées dont l'une, composée de bouées rouges, part du débarcadère de la poudrière, et forme la ligne d'amont, et dont l'autre, composée de bouées blanches, part du débarcadère du marché de l'est et forme la ligne d'aval. Art. 2 et 3 de l'arrêté du 12 juillet 1859.

Il est expressément interdit de laisser draguer, sur le fond, des ancres, chaînes et, en général, tout ce qui, par sa nature, ou par son poids, pourrait gêner ou compromettre les communications au moyen du câble électrique, entre Saint-Louis et Bouëtville.

Les contrevenants au deux paragraphes qui précèdent seront punis d'une amende de 25 à 100 francs et de un à cinq jours de prison, ou de l'une de ces peines seulement, sans préjudice de dommages-intérêts, s'il y a lieu.

ART. 9.

Tout navire, ayant des poudres à bord, devra arborer, au haut de son grand mât, un pavillon rouge. Art. 1er de l'arrêté du 26 décembre 1842.

Avant de permettre d'accoster le quai, le capitaine de port exigera que les poudres et artifices qui pourraient faire partie de la cargaison soient déposés à la poudrière du Gouvernement; il veillera, ensuite, à l'amarrage et à ce que les navires conservent leurs places, afin de maintenir l'ordre et d'éviter les avaries. Art. 8 et 9 de l'arrêté du 6 juin 1829.

Il indiquera les lieux de lestage et de délestage, et en surveillera les opérations.

ART. 10.

Il indiquera également les lieux propres aux constructions, radoubs et démolitions des navires du commerce.

Il veillera à la conservation et à la propreté des quais, cales, etc; empêchera qu'ils soient embarrassés et qu'on jette des décombres, pierres et autres objets dans le fleuve; il portera plainte, lorsqu'il y aura lieu, contre les contrevenants.

Article 10 de l'arrêté du 6 juin 1829.

Aucun navire ou embarcation du commerce, quel que soit son tonnage, ne pourra être chauffé qu'avec l'autorisation et sous la surveillance immédiate du capitaine de port qui désignera les lieux où l'opération devra se faire.

Article 11 de l'arrêté précité.

Art. 11.

Le capitaine de port pourra couper, en cas de nécessité, les amarres que les capitaines ou patrons du commerce, présents à bord, refuseront de larguer, après injonctions verbales qu'il leur aura faites et réitérées.

Article 12 de l'arrêté précité.

Il pourra, toutes les fois que le service l'exigera, inviter les capitaines du commerce à se rendre dans son bureau.

Article 13 de l'arrêté précité.

Il enjoindra aux capitaines et patrons de mettre pavillon les jours de dimanche et de fête, de même qu'en entrant et en sortant du port.

Article 14 de l'arrêté précité.

Il défendra aux capitaines de tirer des coups de canon sur rade et dans le fleuve, à moins de détresse.

Article 15 de l'arrêté précité.

Il leur enjoindra de faire porter à l'hôpital, dans les vingt-quatre heures de l'invasion de la maladie, pour y être traités aux frais de l'armateur, ceux des matelots et autres gens de l'équipage qui auront des fièvres ou autres maladies dangereuses, sous peine d'une amende de 50 à 100 francs, pour chaque individu indûment conservé à bord ou placé ailleurs.

Article 1er de l'arrêté du 29 mars 1847.

Art. 12.

Le capitaine de port enjoindra aux capitaines et patrons de veiller à ce que leurs marins soient rentrés à bord une demi-heure après la retraite.

1re partie de l'art. 18 de l'arrêté du 6 juin 1829.

Il surveillera, *sous l'autorité du commandant supérieur de la marine*, le dépôt de secours établi au poste de la barre; il en dirigera, *d'après ses ordres*, l'envoi et l'emploi, lorsqu'il y aura nécessité.

Article 19 de l'arrêté précité.

Il veillera à ce que les balises, tonnes ou bouées soient convenablement entretenues et placées.

Article 20 de l'arrêté précité.

Il s'assurera de la situation de la barre une fois par mois et toutes les fois qu'il y aura eu un fort ras de marée; il rendra compte de cette situation au Gouverneur et *au commandant supérieur de la marine*.

ART. 13.

Toute contravention aux dispositions de la présente section, *non réprimée par une pénalité spéciale*, sera punie d'une amende de 5 à 100 francs, selon la gravité des cas, sans préjudice de plus fortes peines, s'il y a lieu.

Article 22 de l'arrêté du 6 juin 1829, modifié par l'arrêté du 25 mai 1830.

SECTION II.

De la police du port et de la rade de Gorée.

ART. 14.

Le capitaine de port sera chargé, sous l'autorité du délégué de l'ordonnateur et sous la haute direction du commandant supérieur, de la police de la rade et du port, en ce qui concerne la marine marchande et de la police du port, en ce qui concerne la marine impériale.

Article 1er de l'arrêté du 22 décembre 1843.

Il rendra compte, chaque jour, au commandant et au chargé du service administratif, des mouvements de la rade et du port, et, immédiatement, des circonstances importantes.

Article 2 de l'arrêté précité.

ART. 15.

Dès qu'un navire sera en position de mouiller, le capitaine de port prescrira au maître de port de se rendre le long du bord pour l'arraisonner, savoir qu'elle est sa provenance, son chargement, la longueur de sa traversée, les événements qu'il aurait à signaler.

Article 3 de l'arrêté précité.

Le chef de la brigade des douanes ou un préposé l'accompagnera pour son service spécial toutes les fois que le chef de la douane le jugera convenable.

ART. 16.

Les bâtiments de l'État, les navires du commerce et les paquebots français ou étrangers chargés du service des correspondances ou de tout autre service public, qui arriveront sur rade de Gorée pendant la nuit, seront arraisonnés, immédiatement après avoir mouillé, par le bâtiment de l'Etat faisant le service de stationnaire.

Article 1er de l'arrêté du commandant de Gorée, du 11 avril 1855.

En l'absence de bâtiment de l'Etat, ce service sera fait par le plus âgé des capitaines des navires de commerce mouillés sur rade.

Art. 17.

Si les paquebots ou les bâtiments de l'État dont il est fait mention dans l'article précédent présentent une patente de santé nette, et que leur situation sanitaire soit, du reste, bonne, ils seront admis immédiatement à la libre pratique, sans qu'il soit nécessaire de prendre préalablement, à ce sujet, les ordres du commandant de Gorée. Article 2 de l'arrêté du 11 avril 1855.

Si l'état sanitaire de ces navires était au contraire suspect, leur admission à la libre pratique serait ajournée jusqu'à la décision du commandant de Gorée qui ferait procéder, par un officier de santé, à la visite prescrite par l'arrêté du 22 décembre 1843.

Art. 18.

Si le maître de port trouve le navire arrivant, mal mouillé, soit pour sa sûreté, soit pour la gêne qu'il pourrait occasionner, il en préviendra le commandant, s'il s'agit d'un navire de l'État; si c'est un navire de commerce, il enjoindra au capitaine de changer de mouillage et de prendre celui qu'il lui indiquera. Article 4 de l'arrêté du 22 décembre 1843.

Celui-ci sera tenu d'obéir, sous peine de voir le mouvement fait à ses frais par les soins du capitaine de port.

Art. 19.

Le capitaine de port fera strictement exécuter, au besoin, les règlements sanitaires en vigueur; il adressera au chargé du service administratif une plainte, qui sera transmise par celui-ci au procureur impérial, des infractions commises à cet égard par les capitaines, maîtres ou patrons ou tous autres marins ou passagers des navires arrivant dans la colonie. Article 5 de l'arrêté précité.

Art. 20.

Afin d'assurer l'exécution des mesures sanitaires et de police, le maître du port devra prévenir les capitaines au moment de leur arrivée que, jusqu'à permission spéciale, ils ne peuvent communiquer ni avec la terre, ni avec les autres navires, ni avec les embarcations, soit de l'île, soit des bâtiments, soit des indigènes, autrement qu'à la voix. Article 6 de l'arrêté précité.

Art. 21.

Si, avant l'injonction prescrite à l'article précédent, quelque communication avait eu lieu, les individus, quels qu'ils fussent, Article 7 de l'arrêté précité.

qui auraient ainsi communiqué, seraient tenus de rester à bord jusqu'à l'admission en libre pratique, et de faire toute la quarantaine qui serait imposée au navire.

ART. 22.

Le maître de port réclamera la patente de santé et fera les interrogations nécessaires pour connaître la situation sanitaire du bâtiment et du pays d'où il vient.

Article 8 de l'arrêté du 22 décembre 1843.

Les séries des questions à adresser seront réglées par la commission sanitaire.

A son retour, il remettra au capitaine de port, pour l'adresser au commandant ainsi qu'au chargé du service administratif, la série des réponses.

Suivant la provenance du navire ou sa situation sanitaire, le commandant le fera visiter par un des chirurgiens attachés au service, et, jusqu'à décision, toute communication restera interdite.

ART. 23.

Si les circonstances exigent qu'une quarantaine soit faite avec plus de rigueur, le capitaine, maître ou patron devra conduire son bâtiment au mouillage spécial qui lui sera indiqué.

Article 9 de l'arrêté précité.

Il s'y affourchera avec soin, et portera un pavillon jaune dans la journée et un feu, la nuit, pour indiquer qu'on ne peut communiquer avec lui sans une autorisation expresse, et seulement à la voix et pour ses besoins; il recevra les gardes qu'il serait nécessaire de placer à son bord.

ART. 24.

Le maître de port devra réclamer du capitaine arrivant les lettres et paquets dont il serait chargé, soit pour les autorités coloniales, soit pour la poste ou les particuliers.

Article 10 de l'arrêté précité.

ART. 25.

Lorsqu'il y aura sur la rade un navire de l'État faisant le service de stationnaire, ses embarcations pourront aller interroger les navires arrivant, mais elles ne communiqueront pas autrement qu'à la voix avant que la libre pratique ne soit accordée.

Article 11 de l'arrêté précité.

Elles pourront cependant recevoir elles-mêmes les plis qui seraient à l'adresse du commandant de la station extérieure, mais la visite faite par ce bâtiment ne dispense d'aucune façon de celle du maître de port.

ART. 26.

Le maître de port portera, sur l'avant de son canot, un pavillon jaune qu'il remettra au besoin au navire arrivant s'il est dans le cas de faire une quarantaine, même provisoire, et celui-ci le mettra sur le champ à l'un de ses mâts pour prévenir que la communication n'est pas permise encore.

Article 12 de l'arrêté du 22 décembre 1843.

ART. 27.

Le capitaine de port veillera et fera veiller les démarches des navires arrivant et principalement des caboteurs.

Article 13 de l'arrêté précité.

Il se fera rendre compte si, avant d'atteindre le mouillage de Gorée, ils ont eu des communications avec le continent entre Rufisque et le cap Manuel.

Dans ce cas, il préviendra immédiatement le commandant et le directeur de la douane.

ART. 28.

Aussitôt que les capitaines des bâtiments arrivant auront obtenu le droit de communiquer, ils feront leur rapport au commandant du bâtiment de l'Etat chargé de la station; puis, en venant à terre, ils le feront au capitaine de port qui en tiendra un registre sur lequel seront inscrits : 1° la date de l'arrivée; 2° le nom et l'espèce du bâtiment; 3° le port auquel il appartient; 4° le nom du capitaine ou patron, celui du consignataire ou armateur; 5° le nombre d'hommes d'équipage, celui des passagers, leur qualité, le genre et la nature de la cargaison; 6° le lieu d'expédition; 7° la date de son départ, celles de ses relâches.

Article 14 de l'arrêté précité.

ART. 29.

Le capitaine de port prescrira aux capitaines, maîtres ou patrons de se rendre immédiatement aux bureaux des classes et de la douane avec leurs papiers de bord : enfin il les préviendra qu'ils doivent aviser de leur départ le commandant supérieur, le commandant de la station et le chargé du service administratif, cinq jours à l'avance pour le long cours et quarante-huit heures pour le cabotage.

Article 15 de l'arrêté précité.

Cependant, pour les navires en relâche, ce terme pourra être abrégé, pourvu qu'à leur arrivée ils annoncent qu'ils sont en départ.

Si leur séjour doit se prolonger au delà de trois jours, ils devront avertir, la veille, au moins, de leur départ.

ART. 30.

Il les avertira aussi qu'il leur est défendu de tirer des coups de canon sur la rade à moins de détresse, et qu'ils doivent arborer leur pavillon les dimanches, les jours de fête et toutes les fois qu'un bâtiment de l'État arrivera sur rade.

Article 16 de l'arrêté du 22 décembre 1843.

ART. 31.

Le capitaine de port enjoindra à tous capitaines, maîtres ou patrons de faire rentrer à bord, une demi-heure après le coup de canon de retraite, tous les hommes de leur équipage; s'il en est rencontré à terre, après cette heure, ils seront arrêtés et retenus en prison aux frais personnels des capitaines.

Article 17 de l'arrêté précité.

Il leur enjoindra de faire porter à l'hôpital, dans les vingt-quatre heures de l'invasion de la maladie, pour y être traités aux frais de l'armateur, ceux des matelots et autres gens de l'équipage qui auront des fièvres ou autres maladies dangereuses, sous peine d'une amende de 50 à 100 francs, pour chaque individu indûment conservé à bord ou placé ailleurs.

Arrêté du 29 mars 1847.

ART. 32.

Si les bâtiments sont de nature à accoster le débarcadère pour charger ou décharger, ils ne le feront qu'après avoir reçu l'autorisation du capitaine de port, qui ne devra la donner que si le temps et l'état de la mer ne si opposent point, et qui devra régler les tours entre ceux qui auraient, en même temps, les mêmes prétentions.

Article 18 de l'arrêté du 22 décembre 1843.

Si, pendant qu'un bâtiment est accosté au pont, la brise fraîchit ou si la mer grossit, les capitaines, maîtres ou patrons devront le quitter au premier avis du capitaine de port ou de ses agents, sous peine d'être responsables des avaries qui seraient la suite de leur retard.

Article 19 de l'arrêté précité.

Quand ils accosteront, leurs amarres, sous les mêmes pénalités, seront placées suivant l'indication du capitaine de port.

ART. 33.

Si quelque navire a besoin d'être halé à terre pour être réparé, le propriétaire, capitaine, maître ou patron devra adresser une demande par écrit au chargé du service administratif.

Article 21 de l'arrêté précité.

Cette demande devra contenir l'obligation de ne laisser à terre ledit navire que le nombre de jours qui y sera fixé.

Si quelque canot ou embarcation doit être mis à sec pour être réparé, le propriétaire, capitaine, maître ou patron demandera au capitaine de port l'emplacement convenable; et il ne pourra rien être échoué sans que la place ait été désignée par cet employé, ni dans aucun lieu autre que celui qu'il aura indiqué, sous peine, par les contrevenants, de voir les embarcations échouées renflouées à leurs frais et conduites au lieu fixé.

Art. 34.

Tout dépôt de bois, pierres, matériaux et marchandises de toutes sortes, fait entre le rivage de la mer et la muraille de la batterie de la place, tout dépôt de pareille nature, fait sur les embarcadères et appontements établis sur le port, ne devra rester aux endroits sus-désignés que le temps strictement nécessaire à leur embarquement ou à leur débarquement.

Article 1er de l'arrêté du commandant de Gorée, en date du 25 septembre 1856.

Tout contrevenant au présent article qui, après sommation par le capitaine de port, n'enlèverait pas, dans les vingt-quatre heures, les marchandises, bois et matériaux, de quelque nature qu'ils soient, sera passible d'une amende de 20 francs par chaque jour de retard, jusqu'à parfait enlèvement.

Article 2 de l'arrêté précité et ordonnance du 26 avril 1815, visée dans les considérants dudit arrêté.

En cas de récidive, il sera condamné à cinq jours d'emprisonnement, sans préjudice des dommages-intérêts que l'administration pourrait être en droit de réclamer pour détériorations commises aux débarcadères.

En raison des difficultés que présentent l'embarquement et le débarquement du charbon, il est accordé aux capitaines un délai de vingt-quatre heures par dix tonneaux.

Article 3 de l'arrêté précité.

Art. 35.

Les embarcations venant très-fréquemment faire leur chargement ou déchargement sur la plage, il est défendu de jeter ou laisser sur le sable couvert ou découvert à chaque mouvement de la marée, rien qui soit de nature à les offenser; on n'y déposera donc ni lest en pierres, ni pierres à bâtir, ni ancres, ni aucun autre corps dur.

Article 23 de l'arrêté du 22 décembre 1843.

Le capitaine de port, s'il en était déposé, signifierait aux propriétaires de les faire enlever sur le champ, et, dans le cas où on n'obtempérerait pas à son avis, il les ferait enlever immédiatement aux frais des contrevenants qui seraient responsables envers les tiers des avaries dont ils auraient été l'occasion.

Art. 36.

Il ne sera rien déposé même momentanément sur le pont de débarquement; il est défendu d'y amarrer les embarcations du côté des échelles; elles devront être mouillées au large de manière à ne pas gêner la circulation. Article 24 de l'arrêté du 22 décembre 1843.

Les embarcations chargées de marchandises, pierres, sable et chaux, devront accoster à l'est du pont; l'anse située à l'ouest étant spécialement réservée au débarquement du personnel.

Art. 37.

Il sera affecté une place spéciale pour les pirogues des indigènes. Article 25 de l'arrêté précité.

Les pirogues appartenant aux habitants de Gorée seront placées entre le pont et le quai de l'est et échouées pour la nuit aussi haut que l'espace le permettra. Article 26 de l'arrêté précité.

Les pirogues des indigènes du continent, qui devront passer la nuit dans l'île, seront halées tout en haut sur le plan incliné au bout du nord de l'anse, il n'y sera laissé ni mâts, ni voiles, ni pagayes. Article 27 de l'arrêté précité.

Les embarcations des habitants qui ne seront pas gardées par un homme, la nuit, ne pourront rester pourvues de leurs voiles, gouvernails et avirons; elles devront être mises hors d'état de naviguer. Article 28 de l'arrêté précité.

S'il devenait nécessaire de faire arrêter les pirogues des indigènes, le capitaine de port les fera haler tout à fait à terre sous le mur de la batterie; elles seront sous sa surveillance particulière. Article 29 de l'arrêté précité.

Art. 38.

Le directeur de la douane donnera aux préposés les consignes nécessaires pour aider le capitaine de port dans l'exécution des dispositions ci-dessus, toutes les fois qu'ils pourront le faire, sans négliger leur service spécial. Article 30 de l'arrêté précité.

Art. 39.

Le capitaine de port aura, sous sa surveillance, les canots, chaloupes et autres embarcations appartenant à l'État. Les patrons, canotiers et autres employés de cette classe seront sous sa direction. Article 31 de l'arrêté précité.

Il devra avoir soin que les embarcations du service destinées à porter secours, soient prêtes et en bon état. Il aura sous sa garde Article 32 de l'arrêté précité.

les ancres et amarres nécessaires et, de jour et de nuit, il devra diriger les secours en rade et sur le port.

Quant à ceux nécessités au dehors, il prendra les ordres du chargé du service administratif.

Art. 40.

Le billet de sortie est délivré par le vérificateur des douanes. Article 33 de l'arrêté du 22 décembre 1843.

Le capitaine de port tiendra, pour les navires partant, un registre semblable à celui ordonné pour les navires arrivant.

A défaut de bâtiment stationnaire, il fera veiller les navires, et si quelqu'un faisait quelques préparatifs d'appareillage sans avoir régularisé sa situation, il en préviendrait l'administration, la douane et le commandant, et réclamerait le secours de la force armée pour s'opposer à son départ. Article 34 de l'arrêté précité.

Les bâtiments caboteurs appartenant à la colonie peuvent aller à Dakar, à Khan, aux îles de la Madeleine, à Rufisque et jusqu'au cap de Naze, sans expédition, mais ils doivent être munis d'un billet de passe délivré par le chargé des classes. Article 35 de l'arrêté précité.

Quant aux navires qui sont expédiés pour tout autre point ils doivent avoir les expéditions réglementaires.

Art. 41.

Les chaloupes et bateaux pontés ou non pontés, qui font habituellement la navigation de la baie, pourront aller et revenir sans passe : mais ils se feront reconnaître par leur numéro d'inscription matriculaire inscrit, dans leurs voiles, en chiffres de vingt-cinq centimètres de hauteur, sans préjudice de l'obligation imposée à tout bâtiment, par les lois et règlements tant de la colonie que de la métropole, de porter leurs noms écrits à l'arrière, en blanc, sur un fond noir, en lettres de dix centimètres de hauteur. Article 36 de l'arrêté précité.

Les pirogues des naturels étant parfaitement reconnaissables par leur forme et ne pouvant appartenir qu'aux riverains de la baie, pourront aller et venir sans formalités. Article 37 de l'arrêté précité.

Art 42.

Les contrevenants au présent règlement seront punis conformément aux dispositions du livre IV, chapitre Ier du Code pénal ordinaire, sans préjudice de plus fortes peines, s'il y a lieu. Article 39 de l'arrêté précité.

Les amendes seront versées dans la caisse coloniale.

SECTION III.

Du remorquage sur la barre du Sénégal.

Art. 43.

Les concessionnaires de l'entreprise du remorquage à vapeur à l'entrée et à la sortie du fleuve *Sénégal*, sont autorisés à percevoir, à l'entrée et à la sortie, une rétribution qui ne pourra dépasser : Art. 2 du décret impérial du 5 mars 1859.

2 francs par tonneau de jauge légale ;
1/2 p. 0/0 de la valeur du chargement déterminée par les liquidations de droits établis par l'administration des douanes. Article 12 § dernier du cahier des charges

L'usage du remorqueur est obligatoire pour les navires, à l'exception des caboteurs de Saint-Louis et de Gorée, qui ne servent pas d'allèges aux navires au long cours mouillés sur la rade de la barre. Ces caboteurs pourront, néanmoins, employer le concours du remorqueur, en traitant de gré à gré avec les concessionnaires. Art. 3 du décret impérial du 5 mars 1859. § dernier de l'art. 13 du cahier des charges.

Toutes les dispositions relatives au service du remorquage, à la perception de taxes et aux obligations des navires, seront réglées par le gouverneur. Art. 4 du décret impérial du 5 mars 1859.

Art. 44.

L'usage du remorqueur est obligatoire, comme pour les bâtiments au long cours, pour les caboteurs qui serviront d'allèges aux navires au long cours. Article 1er de l'arrêté du 18 février 1861.

Dans les cas de force majeure dûment constatés et déclarés par le capitaine de la barre, par suite d'une profondeur d'eau de moins de quatre mètres, qui est la profondeur ordinaire d'après laquelle ont été construits les navires spécialement destinés au Sénégal, ce remorquage aura lieu pour les allèges chargées, aux conditions exceptionnelles suivantes : Article 2 de l'arrêté précité.

1/2 pour cent de la valeur du chargement déterminée par les liquidations de droits établis par l'administration des douanes ;
0 fr. 50 cent. seulement par tonneau de jauge légale, sans, toutefois, que la rétribution payée à la compagnie pour le tonnage, puisse être moindre de 50 francs par allège.

Il sera facultatif aux allèges de se faire remorquer à vide, à Article 3 de l'arrêté précité.

l'entrée ou à la sortie, en acquittant, entre les mains de la compagnie, le prix du remorquage fixé pour les navires au long cours, savoir :

2 francs par tonneau de jauge légale, sans que la rétribution à payer puisse cependant être moindre de 150 fr.

La compagnie ne pourra refuser le remorquage demandé.

ART. 45.

Les concessionnaires de l'entreprise du remorquage seront tenus d'entretenir constamment au Sénégal, en bon état de navigabilité, pour l'exécution du service qui leur est confié, un bâtiment à vapeur, à aubes, ayant au plus trente-huit mètres de longueur, de tête en tête, et ne calant pas au-dessus de deux mètres cinquante centimètres, avec son chargement. Article 8 du cahier des charges.

Ce bâtiment devra être d'au moins 100 *chevaux de force effective et constante;* la préférence sera accordée aux soumissionnaires qui présenteraient le bâtiment à vapeur de la puissance la plus élevée.

ART. 46.

Si, après avoir été conduit au Sénégal, le navire remorqueur venait à cesser de remplir les conditions imposées par l'article 45 ci-dessus, ou devenait impropre au service du remorquage, pour quelque raison que ce soit, les concessionnaires seraient tenus de pourvoir à son remplacement, dans le délai d'une année, sous peine de voir leur marché résilié et la moitié du cautionnement acquise à la caisse coloniale. Article 11 du cahier des charges.

Si le service du remorquage venait à être interrompu par suite d'avaries éprouvées par le bâtiment remorqueur ou de réparations courantes à lui faire subir, l'administration fixerait, de concert avec les concessionnaires, le délai nécessaire pour la mise en état du remorqueur.

Pendant ce délai, les navires pourront entrer et sortir à la voile, sans payer aucun prix de remorquage.

Faute par les concessionnaires d'avoir remis le remorqueur en état, dans le délai fixé, ils seront passibles d'une amende de 25 à 100 francs par chaque jour de retard.

Cette amende sera prononcée par le gouverneur, en conseil d'administration.

ART. 47.

Dans le cas où il y aurait plusieurs navires attendant la remor- Article 14 du cahier des charges.

que, sur la demande expresse du capitaine d'un de ces navires dont le tour de remorquage ne serait pas arrivé, un pilote pourra entrer ou sortir ce navire à la voile, s'il juge l'opération sans aucun danger; le prix du remorquage n'en sera pas moins dû.

ART. 48.

Les navires seront remorqués dans l'ordre de leur arrivée au mouillage, à moins que la question du tirant d'eau n'amène de la part des pilotes un changement à cet ordre.

Article 15 du cahier des charges.

Le prix du remorquage sera payable comptant, à l'entrée, et payable, d'avance, à la sortie.

Article 16 du cahier des charges.

ART. 49.

Les navires remorqués à l'entrée dans le fleuve seront pris au mouillage de la barre, tel qu'il est indiqué par les instructions officielles, et laissés à l'abri de la pointe de Barbarie.

Article 17 du cahier des charges.

Les navires remorqués pour sortir seront pris au mouillage de la barre et mis en dehors des passes.

Lorsqu'un navire remorqué sera laissé, à la suite d'échouement ou de tout autre empêchement, dans une partie quelconque de la route, le remorqueur sera obligé de revenir chercher ce navire, quand la circonstance qui l'a fait abandonner n'existera plus, et si l'état de la barre le permet, d'après l'avis des pilotes.

ART. 50.

Les grelins nécessaires au remorquage seront fournis par le navire à remorquer.

Article 18 du cahier des charges.

Toutefois, le remorqueur sera tenu d'avoir constamment à bord les grelins et accessoires nécessaires en cas de besoin.

Ces grelins devront être maintenus en bon état de service.

Le capitaine de port les visitera aussi souvent qu'il le jugera convenable, et les concessionnaires seront, dans le délai qui leur aura été assigné et sous peine de 25 francs d'amende par jour de retard, tenus de pourvoir au remplacement des apparaux qui seraient jugés impropres au service.

Dans le cas où les navires remorqués feraient usage des grelins du remorqueur, ils seront tenus de payer à la compagnie, pour prix de la location, les sommes ci-après fixées :

Arrêté du 20 novembre 1860.

Navires au dessous de 100 tonneaux	....	20 fr.
Idem	de 100 t. à 200 t.	25
Idem	au-dessus de 200 t.	30

ART. 51.

Toutes les fois que la barre sera signalée praticable, le remorqueur sera tenu de faire le service. Article 19 du cahier des charges.

En cas de refus, les concessionnaires seront passibles d'une amende de *mille à cinq mille francs* qui sera prononcée par le gouverneur, en conseil.

En cas de perte du navire remorqué, le prix du remorquage sera toujours dû. Article 20 du cahier des charges.

ART. 52.

Toutes les fois que le remorqueur passera la barre pour le service du remorquage, il sera payé aux pilotes pour compte dudit navire, indépendamment des droits de pilotage auxquels donnera lieu le bâtiment remorqué, une somme de 15 francs pour la sortie et l'entrée. Arrêté du 2 février 1861.

SECTION IV.

Du pilotage sur la barre du Sénégal.

ART. 53.

Il sera établi deux pilotes pour le pilotage de la barre du Sénégal; il y aura également des aspirants pilotes dont le nombre ne pourra être moindre de deux, ni excéder quatre. Article 1er de l'arrêté du 21 juin 1840.

Ils seront destinés à seconder les pilotes et à les remplacer.

Nul indigène ne pourra être reçu pilote de la barre, s'il n'est âgé de vingt-quatre ans et s'il n'a servi dans les embarcations de la barre pendant cinq ans, dont deux, au moins, comme aspirant pilote; s'il n'a satisfait à un examen pratique sur la manœuvre, la connaissance des marées, des barres, des courants et écueils et autres empêchements qui peuvent rendre difficile l'entrée et la sortie du fleuve. Articles 11 et 12 de de l'arrêté précité.

Les Européens, pour être reçus pilotes, devront justifier de cinq ans de navigation, au moins, et avoir subi l'examen pratique exigé pour les indigènes.

Les marins admis à servir comme aspirants pilotes devront avoir subi le même examen que les pilotes.

Les laptots ne pourront passer aspirants pilotes qu'après avoir servi, au moins, trois ans, comme chaloupiers.

ART. 54.

L'examen des pilotes aura lieu en présence du *commandant* Article 13 de l'arrêté précité.

supérieur de la marine, et, en cas d'absence, du plus ancien lieutenant de vaisseau, commandant un des bâtiments sur rade et du commissaire aux revues et armements.

La commission d'examen sera composée d'un officier de vaisseau, du capitaine de port, du capitaine du poste de la barre, de deux capitaines du commerce et d'un pilote désigné par le Gouverneur.

Les lettres d'admission seront délivrées par le Gouverneur et enregistrées au bureau des revues.

Pour être reconnus en leur qualité, les pilotes européens porteront une ancre en argent de 0,050^{mm} à la boutonnière; les indigènes la porteront en sautoir.

Article 11 de l'arrêté du 21 juin 1840.

Art. 55.

Les pilotes sont placés sous l'autorité immédiate du capitaine du poste de la barre; ils doivent lui obéir en tout ce qu'il leur commandera pour le bien du service; toutefois, les pilotes étant seuls responsables de la conduite des bâtiments, ils doivent rester seuls juges des circonstances et du moment où ils croiront pouvoir faire franchir la barre à un navire, soit à l'entrée, soit à la sortie, sans que le capitaine du poste puisse en rien s'immiscer dans cette partie du service.

Article 1er de l'arrêté du 28 octobre 1851.

Cependant, si le capitaine du poste de la barre est reçu pilote et s'il juge que les pilotes refusent de remplir leur office, soit par ignorance, soit par mauvaise volonté, il pourra lui-même piloter les navires, sous sa responsabilité et à son bénéfice.

Arrêté du 27 décembre 1859.

Dans le cas prévu au paragraphe précédent, il sera exercé sur chaque pilotage d'entrée ou de sortie exécuté par le capitaine de la barre, la retenue fixée par l'article 2 de l'arrêté du 4 juin 1864 pour la caisse de secours des pilotes.

Articles 2 de l'arrêté du 20 janvier 1860 et de l'arrêté du 4 juin 1864.

Indépendamment de cette retenue, le capitaine de la barre aura à prélever, sur le montant du pilotage, une somme de vingt francs qui sera payée au gourmet du poste qu'il aura employé comme aspirant pilote.

Art. 56.

Tout pilote qui refuserait d'exécuter les ordres du capitaine de la barre ou qui lui manquerait de respect sera puni d'une amende de 10 francs; en cas de récidive, l'amende sera portée à 20 francs et il sera mis en prison pour cinq jours; la récidive entraînera la suspension pour quinze jours.

Article 2 de l'arrêté du 28 octobre 1851.

Le personnel des pilotes, comme celui du poste, sont égale-

Article 3 de l'arrêté précité.

ment, pour la police et pour la discipline, placés sous les ordres du capitaine de la barre.

Les pilotes ne pourront, sous peine de huit jours de prison, s'écarter de la barre, sans l'autorisation du capitaine du poste, et, de Saint-Louis, sans l'autorisation écrite du capitaine de port *approuvée par le commandant supérieur de la marine*, et visée par le commissaire chargé des armements. Article 19 de l'arrêté du 21 juin 1840.

ART. 57.

Tout pilote qui s'enivrera habituellement, sera, sur le rapport qui sera fait par le capitaine de port *au commandant supérieur de la marine*, suspendu de ses fonctions pendant un mois, avec privation de la moitié de toute allocation; s'il devient incorrigible il en sera rendu compte aux gouverneur. Article 5 de l'arrêté du 28 octobre 1851.

Tout pilote convaincu d'avoir fait ou favorisé la fraude, d'avoir aidé ou assisté à la soustraction de marchandises à bord d'un bâtiment naufragé, sera signalé au gouverneur *par le commandant supérieur de la marine*, pour être cassé, sans préjudice des autres peines qu'il aurait pu encourir. Article 6 de l'arrêté précité.

Les peines de discipline encourues par les pilotes, telles que l'amende, la prison, la suspension pour moins d'un mois, *seront prononcées par le commandant supérieur de la marine*, sur le rapport du capitaine de la barre et l'avis du capitaine de port. Article 7 de l'arrêté précité.

La suspension pour un temps plus long et la destitution seront prononcées par le gouverneur, *sur le rapport du commandant supérieur de la marine*.

ART. 58.

Les deux pilotes sont indépendants l'un de l'autre; cependant, ils doivent se concerter et s'entendre pour le bien du service. Article 1er de l'arrêté du 19 décembre 1851.

En cas de dissidence, le capitaine du poste devient juge de leurs différends.

Les pilotes auront chacun leur chaloupe et leur personnel, qui sera de six laptots et un patron. Article 5 de l'arrêté du 21 juin 1840 (1).

Si, dans l'intérêt du service, l'un des pilotes avait besoin du personnel ou du matériel de l'autre, il ne pourrait s'en servir qu'avec l'autorisation de ce dernier; en cas de refus, le capitaine du poste pourrait ordonner le prêt. Article 2 de l'arrêté du 19 décembre 1851.

---

(1) L'arrêté du 1er octobre 1862 qui autorisait les pilotes à n'avoir qu'une chaloupe, a été abrogé par l'article 3 de l'arrêté du 4 juin 1864.

Le service de pilotage devra être muni d'une pirogue de barre en bon état : elle sera à la charge des pilotes. Article 3 de l'arrêté du 19 décembre 1851.

Art. 59.

A l'arrivée d'un navire sur rade, le pilote devra communiquer avec lui dès que l'état de la mer le permettra, afin de connaître son tirant d'eau, sa marche, ses qualités ou ses défauts. Article 4 de l'arrêté précité.

Il ne fera franchir la barre qu'après avoir reçu ces renseignements. Article 10 de l'arrêté du 21 juin 1840.

Quand la barre sera belle et que le navire aura été prévenu qu'il peut appareiller pour entrer ou sortir, une chaloupe de pilotage se tiendra en dehors des brisants par quatre brasses d'eau, et c'est là que le navire viendra prendre le pratique pour se diriger ensuite sur la chaloupe des pilotes qui aura rejoint son poste sur les brisants. Article 5 de l'arrêté du 19 décembre 1851.

Art. 60.

Il y aura toujours un pilote de garde avec sa chaloupe armée. Article 6 de l'arrêté précité.

La garde commencera le lundi matin et se terminera le lundi suivant.

Si, cependant, le capitaine de la barre reconnaissait que le service exige la présence des deux pilotes et des deux chaloupes, il donnerait des ordres en conséquence.

Les pilotes et les aspirants pilotes devront, aussi souvent que possible, sonder la barre, et rendre compte de leurs remarques au capitaine du poste, qui les consignera sur un registre *ad hoc*. Article 16 de l'arrêté du 21 juin 1840.

Art. 61.

Les pilotes seront tenus de piloter les navires de l'État de préférence à tous autres; pour ce pilotage, ils ne pourront prétendre à d'autre salaire qu'à celui qui leur est alloué annuellement. Article 17 de l'arrêté précité.

Ils doivent piloter les navires du commerce qui se présentent les premiers; il leur est, en conséquence, défendu de préférer les plus éloignés aux plus proches, à peine de 25 francs d'amende; cependant, si l'un des bâtiments était en danger, les pilotes seraient tenus de l'aborder le premier. Article 18 de l'arrêté précité.

Art. 62.

Tout pilote qui entreprendra, étant ivre, de piloter un bâtiment sera condamné à la perte de son salaire, à un mois de prison, et destitué en cas de récidive. Article 22 de l'arrêté précité.

S'il manquait au respect que tout individu doit au capitaine qui commande, il serait puni, selon la gravité des cas, par le commandant supérieur de la marine.

Si le manque de respect était accompagné de voies de fait, le pilote serait arrêté, traduit devant le tribunal maritime commercial et puni conformément à l'article 63 du décret disciplinaire et pénal du 24 mars 1852 sur la marine marchande. *Article 5 de l'arrêté du 21 juin 1859.*

Tout pilote qui, s'étant chargé de conduire un bâtiment de l'État ou du commerce l'aura échoué ou perdu par négligence, par ignorance ou volontairement, sera jugé conformément à l'article 360 de la loi du 4 juin 1858 sur le Code de justice militaire de l'armée de mer. *Décret impérial du 27 juin 1858, promulgué dans la colonie le 1 octobre de la même année.*

Il est expressément ordonné aux capitaines d'empêcher que les pilotes éprouvent à leur bord de mauvais traitements et il leur est défendu de contrarier, en aucune manière, la manœuvre commandée par le pilote. *Article 21 de l'arrêté du 21 juin 1840.*

Art. 63.

Il est expressément défendu aux pilotes de quitter les navires venant de la mer, avant qu'ils ne soient ancrés en rade ou amarrés à quai, ainsi que d'abandonner ceux sortant du fleuve, avant de les avoir conduits en pleine mer, au delà des dangers, sous peine, dans l'un et l'autre cas, de la perte de leurs salaires, de 30 francs d'amende, de leur interdiction pendant quinze jours et de plus fortes peines, s'il y a lieu. *Article 25 de l'arrêté précité.*

Si, par suite du mauvais temps ou de toute autre cause, les pilotes, sortant ou entrant un navire, venaient à être retenus à bord, ils seraient, ainsi que leurs laptots, nourris par le capitaine et aux frais du bâtiment.

Art. 64.

Il est défendu aux pilotes d'exiger des sommes plus fortes que celles portées à la présente section, si ce n'est en cas de tourmente et de péril évident; auquel cas, les parties s'entendront pour l'indemnité qui devra être payée : s'il y a contestation, le tribunal prononcera. *Article 26 de l'arrêté précité.*

Le pilote qui sera retenu à bord d'un bâtiment au delà du temps nécessaire pour la conduite du navire hors des dangers, aura droit à la ration et à une gratification réglée à l'amiable, ou, en cas de contestation, par le tribunal de commerce.

ART. 65.

Tout pilote qui aurait exigé un plus fort salaire que celui fixé par le règlement, sera condamné à la restitution du pilotage reçu et interdit pendant un mois; en cas de récidive, il perdrait sa lettre de service.

Article 27 de l'arrêté du 21 juin 1840.

ART. 66.

Quelle que soit la force du vent ou de la mer, si la chaloupe du pilote, en abordant le navire, vient à recevoir des avaries ou à se perdre, par la faute du navire ou de sa manœuvre, les avaries ou la perte seront à la charge du bâtiment abordé.

Article 28 de l'arrêté précité.

ART. 67.

Si un bâtiment venait d'un pays suspecté de contagion, qu'il ne pût, conséquemment, être admis à la libre pratique, le pilote le conduirait à l'endroit indiqué pour la quarantaine, sans communiquer avec lui autant que possible, et lui ferait arborer le pavillon de quarantaine, en tête du mât de misaine.

Si le navire n'avait qu'un mât, le pavillon serait placé à l'étai du beaupré, d'une manière visible.

Article 21 de l'arrêté précité.

ART. 68.

Les droits de pilotage sont intégralement payés en argent par les armateurs, consignataires ou capitaines dont les navires auront franchi la barre.

Arrêté du 20 janvier 1854.

Les frais de pilotage qui sont payés par tonneaux de jauge seront acquittés, comme suit, savoir :

Article 1er de l'arrêté du 8 mars 1862.

Navires d'Europe ou étrangers, pour les 100 premiers tonneaux	0f 75c
Et pour le nombre de tonneaux excédant, par tonneau...	0 50
Caboteurs, par tonneau	0 60

Les alléges qui serviront au déchargement des navires mouillés en dedans du fleuve comme celles employées au déchargement des navires mouillés sur la rade de la barre, ne payeront que 30 francs pour chaque voyage, entrée et sortie; toutefois, cette exception ne sera pas applicable aux alléges ayant servi au déchargement de navires qui n'entreraient pas dans le fleuve.

Articles 1ers des arrêtés des 30 mars 1855 et 8 mars 1862.

ART. 69.

Tout bâtiment, quel qu'il soit, n'étant pas armé pour le ser-

Article 6 de l'arrêté du 21 juin 1840.

vice du Gouvernement, pour lequel les chaloupes auront été employées, payera, hors les cas de pilotage prévus, un droit de 20 francs pour chacune des chaloupes et par jour.

Ce droit appartiendra aux laptots des chaloupes.

Les pirogues envoyées à bord des navires venant d'Europe seront tenues, si les capitaines le requièrent, de laisser à bord un pilote côtier qui recevra 5 francs par jour et les vivres.

Articles 7 et 8 de l'arrêté du 21 juin 1840.

Les sommes perçues en vertu des paragraphes 1 et 3 du présent article formeront un fond commun qui sera partagé, par égales portions, entre les laptots composant l'équipage des deux chaloupes des pilotes.

Article 4 de l'arrêté du 24 août 1843.

Art. 70.

Les salaires et émoluments gagnés au pilotage seront mis en commun, pour le produit être partagé entre les pilotes.

Article 30 de l'arrêté du 21 juin 1840.

Le pilote sera payé, après avoir rempli ses fonctions, sur mémoire du capitaine de port, à moins qu'il n'y ait des plaintes écrites portées contre lui ou une action intentée devant le tribunal, pour son service.

Les aspirants pilotes seront nourris par les pilotes et en recevront une solde, savoir : ceux de 1re classe, 90 francs ; ceux de 2e classe, 60 francs par mois.

Articles 29 de l'arrêté du 21 juin 1840 et 1er de l'arrêté du 10 mars 1847.

Un prélèvement de 5 francs par chaque passage de barre d'un navire d'Europe et de 2 fr. 50 cent. par chaque passage de navire caboteur sera opéré, sur le montant du pilotage, pour être réparti entre les aspirants pilotes.

Article 3 de l'arrêté du 24 août 1843.

Art. 71.

Il sera exercé sur chaque pilotage d'entrée et de sortie, au profit de la caisse de secours des pilotes, conformément à l'article 31 de l'arrêté du 21 juin 1840, une retenue de 7 fr. 50 cent. pour les navires au long cours et de 2 fr. 50 cent. pour les caboteurs.

Article 2 de l'arrêté du 4 juin 1864.

Cette retenue, d'abord déposée dans les mains du capitaine de port, sera versée, tous les trois mois, suivant état dressé par ce fonctionnaire, chez le trésorier de la colonie, et administrée par le commissaire aux armements.

Article 31 de l'arrêté du 21 juin 1840.

Cette caisse sera sous la surveillance tutélaire du gouverneur : le montant de cette retenue est destiné à être distribué en secours aux veuves et aux orphelins en bas âge des pilotes, principalement, de ceux qui auraient péri dans l'exercice de leurs fonctions et aux pilotes qui se trouveraient dans le besoin.

ART. 72.

Il sera tenu, au bureau des armements, une matricule des pilotes de la barre et des aspirants pilotes où seront enregistrés leur âge, la date de leur lettre d'admission, les services signalés qu'ils auront rendus, leurs fautes graves, les punitions qu'ils auront subies, enfin la cessation de leur service par mort, démission, interdiction ou infirmité.

Article 20 de l'arrêté du 21 juin 1840.

SECTION V.

Du pilotage à l'entrée et à la sortie de la Casamance.

ART. 73.

Il sera établi deux pilotes pour le pilotage de la Casamance. Il y aura également des aspirants pilotes dont le nombre ne pourra être moindre de deux ni excéder six ; ils seront destinés à seconder les pilotes et à les remplacer.

Article 1er de l'arrêté du 17 septembre 1861.

Nul ne pourra être reçu pilote s'il n'est âgé de vingt-quatre ans et s'il n'a servi dans les embarcations de la Casamance pendant trois ans, dont deux ans, au moins, comme aspirant pilote ; s'il n'a satisfait à un examen pratique sur la manœuvre, la connaissance des marées, des barres, des courants, écueils et autres empêchements qui peuvent rendre difficile l'entrée et la sortie de la rivière.

Les matelots ne pourront passer aspirants pilotes qu'après avoir servi au moins un an comme chaloupiers.

ART. 74.

La commission d'examen des pilotes sera composée d'un lieutenant de vaisseau commandant l'un des bâtiments de la station locale, président, de deux capitaines au long cours et d'un pilote.

Article 2 de l'arrêté précité.

Les membres de la commission sont nommés par le gouverneur.

Les lettres d'admission seront délivrées par le gouverneur, et enregistrées au bureau des revues.

Pour être reconnu en leur qualité, les pilotes porteront une ancre en argent de 0,050^{mm} à la boutonnière.

ART. 75.

Les pilotes seront placés sous l'autorité immédiate du com-

Article 3 de l'arrêté précité.

mandant du poste de Carabane; ils devront lui obéir en tout ce qu'il leur commandera pour le bien du service; toutefois, les pilotes étant seuls responsables de la conduite des bâtiments, doivent rester seuls juges des circonstances et du moment où ils croiront pouvoir faire franchir la passe à un navire, soit à l'entrée, soit à la sortie, sans que le commandant de Carabane puisse en rien s'immiscer dans cette partie du service.

Tout pilote qui refusera d'exécuter les ordres du commandant de Carabane, ou qui lui manquera de respect, sera puni d'une amende de 20 francs; en cas de récidive, l'amende sera portée à 40 francs; une nouvelle récidive entraînera la suspension pour quinze jours.

Tout pilote qui s'absentera de son poste, sans autorisation, sera puni de huit jours de prison et, en cas de récidive, sera suspendu de ses fonctions pendant un temps fixé par le gouverneur, sur l'avis du commandant de Sedhiou.

Art. 76.

Article 4 de l'arrêté du 17 septembre 1864.

Tout pilote qui s'enivrera habituellement sera, sur le rapport qui en sera fait par le commandant de Carabane et qui sera transmis au gouverneur, suspendu de ses fonctions pendant un mois, avec privation de la moitié de toute allocation; s'il devient incorrigible, il sera destitué.

Tout pilote convaincu d'avoir fait ou favorisé la fraude, d'avoir aidé ou assisté à la soustraction de marchandises à bord d'un bâtiment naufragé, sera signalé au gouverneur par le commandant de Carabane ou par un capitaine de navire de l'État, pour être cassé, sans préjudice des autres peines qu'il aura pu encourir.

Les peines de discipline encourues par les pilotes, telles que l'amende, la prison, la suspension pour moins d'un mois, seront prononcées par le commandant du cercle de Sedhiou, sur le rapport du commandant de Carabane. Il en sera rendu compte au gouverneur, qui seul pourra prononcer la suspension pour un temps plus long, et la destitution, sur le rapport du commandant de l'arrondissement.

Art. 77.

Article 5 de l'arrêté précité.

Les deux pilotes sont indépendants l'un de l'autre; cependant ils doivent se concerter et s'entendre pour le bien du service. En cas de dissidence, le commandant de Carabane devient juge de leurs différends.

ART. 78.

Les pilotes seront tenus d'avoir un bateau ponté ou un cutter armé de quatre matelots et d'un patron. Article 6 de l'arrêté du 17 septembre 1864.

Il devront avoir, en outre, une embarcation légère armée de de quatre avirons.

ART. 79.

Dès qu'un navire sera en vue, le pilote devra se diriger vers lui et communiquer le plus tôt possible afin de connaître son tirant d'eau, sa marche, ses qualités ou ses défauts. Article 7 de l'arrêté précité.

Il ne fera franchir l'entrée de la rivière qu'après avoir reçu ces renseignements.

Lorsque le temps sera brumeux, le pilote de service devra croiser à 6 ou 7 milles de terre pour aller au devant des navires.

ART. 80.

Il y aura toujours un pilote de garde.

La garde commencera le lundi matin et se terminera le lundi suivant. Article 8 de l'arrêté précité.

Si, cependant, le commandant de Carabane reconnaissait la nécessité de la présence des deux pilotes, il donnerait des ordres en conséquence.

Les pilotes et les aspirants pilotes devront, aussi souvent que possible, sonder l'entrée et rendre compte de leurs remarques au commandant de Carabane, qui les consignera sur un registre tenu à cet effet.

ART. 81.

Les pilotes seront tenus de piloter les navires de l'État de préférence à tous autres; pour ce pilotage, ils ne pourront prétendre à d'autre salaire qu'à celui qui leur est alloué annuellement, et qui est fixé à cinq cents francs pour chacun d'eux. Article 9 de l'arrêté précité.

Ils doivent piloter les navires du commerce qui se présentent les premiers; il leur est, en conséquence, défendu de préférer les plus éloignés aux plus proches, à peine de 25 francs d'amende; cependant, si l'un des bâtiments était en danger, les pilotes seraient tenus de l'aborder le premier.

ART. 82.

Tout pilote qui entreprendra, étant ivre, le pilotage d'un bâtiment, sera condamné à la perte de son salaire, à un mois de Article 10 de l'arrêté précité.

prison, et destitué en cas de récidive. Il en serait de même s'il manquait au respect que tout individu doit au capitaine qui commande.

Tout pilote qui, s'étant chargé de conduire un bâtiment de l'État ou du commerce, et ayant déclaré en répondre, l'aura échoué ou perdu par négligence, par ignorance ou volontairement, sera jugé conformément à l'article 360 de la loi du 4 juin 1858, sur le Code de justice militaire de l'armée de mer, rendu applicable à la colonie par le décret du 27 du même mois.

Il est expressément ordonné aux capitaines d'empêcher que les pilotes éprouvent à leur bord de mauvais traitements, et il leur est défendu de contrarier, en aucune manière, la manœuvre commandée par le pilote à moins d'en prendre, devant témoins, la responsabilité.

ART. 83.

Il est expressément défendu aux pilotes de quitter les navires venant de la mer avant qu'ils ne soient ancrés, ainsi que d'abandonner ceux sortant de la rivière avant de les avoir conduits au delà de tout danger, sous peine, dans l'un ou l'autre cas, de la perte de leurs salaires, de 30 francs d'amende, de leur interdiction pendant quinze jours et de plus fortes peines, selon les cas et s'il y a lieu.

Article 11 de l'arrêté du 1[?] septembre 1864.

Si, par suite de mauvais temps ou de toute autre cause, les pilotes étaient dans l'obligation de rester à bord, ils seraient, ainsi que leurs matelots, nourris par le capitaine et aux frais du bâtiment.

ART. 84.

Il est défendu aux pilotes d'exiger, pour l'entrée ou la sortie des navires, des sommes plus fortes que celles qui sont fixées par le présent arrêté, si ce n'est en cas de tourmente et de péril évident, auquel cas les parties s'entendront pour l'indemnité qui devra être payée ; s'il y a contestation, le tribunal prononcera.

Article 12 de l'arrêté précité.

Le pilote qui sera retenu à bord d'un bâtiment au delà du temps nécessaire pour la conduite du navire hors des dangers, aura droit à la ration et à une gratification réglée à l'amiable, ou, en cas de contestation, par le tribunal de commerce.

ART. 85.

Tout pilote qui aurait exigé un plus fort salaire que celui fixé par le règlement, sera condamné à la restitution du pilotage

Article 13 de l'arrêté précité.

reçu, et interdit pendant un mois; en cas de récidive, il perdrait sa lettre de service.

Art. 86.

Quelle que soit la force du vent ou de la mer, si la chaloupe, en abordant le navire, vient à recevoir des avaries ou à se perdre par la faute du navire ou de sa manœuvre, les avaries ou la perte seront à la charge du bâtiment abordé. Article 14 de l'arrêté du 17 septembre 1864.

Art. 87.

Si un bâtiment venait d'un pays suspecté de contagion; qu'il ne pût, par conséquent, être admis à la libre pratique, le pilote le conduirait à l'endroit indiqué pour la quarantaine, sans communiquer avec lui, autant que possible, et lui ferait arborer le pavillon de quarantaine en tête du mât de misaine. Article 15 de l'arrêté précité.

Si le navire n'avait qu'un mât, le pavillon serait placé à l'étai de beaupré, d'une manière visible.

Art. 88.

Tout navire, à l'entrée et à la sortie de la Casamance, payera, pour frais de pilotage, les sommes ci-après fixées, savoir : Article 16 de l'arrêté précité.

Navires au long cours, 1 franc par tonneau de jauge.

Les bâtiments caboteurs de trente tonneaux et au-dessus seront tenus de prendre un pilote, et payeront moitié du prix fixé pour les navires au long cours.

Art. 89.

Les salaires et émoluments gagnés au pilotage des navires seront mis en commun pour être partagés entre les pilotes. Article 17 de l'arrêté précité.

Le pilote sera payé, après avoir rempli ses fonctions, sur mémoire du commandant de Carabane, à moins qu'il n'y ait des plaintes écrites portées contre lui devant l'administration de la marine ou une action intentée devant le tribunal, pour son service.

Les aspirants pilotes seront nourris par les pilotes et en recevront une solde, savoir : ceux de 1re classe, 60 francs; ceux de 2e classe, 50 francs par mois.

Un prélèvement de 2 fr. 50 cent. par chaque passage d'un navire d'Europe, et de 1 fr. 50 cent., par chaque passage de navire caboteur, sera opéré sur le montant du pilotage pour être réparti entre les aspirants pilotes.

Art. 90.

Il sera exercé, sur chaque pilotage d'entrée et de sortie, une retenue de 2 fr. 50 cent. pour les navires au long cours, et de 1 fr. 25 cent. pour les caboteurs. Article 18 de l'arrêté du 17 septembre 1864.

Cette retenue, d'abord déposée dans les mains du commandant de Carabane, sera versée, tous les trois mois, suivant état dressé par cet officier, dans la caisse du trésorier de la colonie, et administrée par le commissaire aux armements.

Cette caisse sera sous la surveillance tutélaire du gouverneur. Le montant de cette retenue est destiné à être distribué en secours aux veuves et orphelins en bas âge des pilotes qui se trouveraient dans le besoin.

Art. 91.

Il sera tenu, au bureau du commandant de Carabane, une matricule des pilotes et des aspirants pilotes, où seront enregistrés leur âge, la date de leurs lettres d'admission, les services signalés qu'ils auront rendus, leurs fautes graves, les punitions qu'ils auraient subies, enfin la cessation de leur service par mort, démission, interdiction ou infirmités. Article 19 de l'arrêté précité.

CHAPITRE II.

DE LA POLICE DE LA NAVIGATION.

SECTION PREMIÈRE.

Immatriculation des navires.

ART. 92.

Les propriétaires des navires, bateaux, barques, alléges ou chalands employés à la navigation intérieure ou extérieure de la colonie, doivent faire inscrire, au bureau de la douane, le nom, le tonnage, l'équipement, l'âge présumé desdits bâtiments.

Article 1er de l'arrêté du 20 octobre 1819. Article 1er de l'arrêté du 22 janvier 1829. Articles 1er et 6 de l'arrêté du 28 janvier 1850.

La douane leur délivrera un certificat constatant que cette déclaration a été faite et le numéro sous lequel l'enregistrement a eu lieu.

Article 3 de l'arrêté du 28 janvier 1850.

Les noms sous lesquels les navires, bateaux, barques, alléges, chalands et autres auront été désignés et seront inscrits sur les matricules ne pourront être changés.

§ 2 de l'article 1er de l'arrêté du 28 janvier 1850.

Les pirogues seront seules exceptées de cette déclaration.

Les embarcations armées accidentellement pour l'agrément des propriétaires, et celles employées à des transports journaliers pour leur service, seront, sous peine d'une amende de 5 à 10 francs, l'objet d'une déclaration spéciale.

Article 6 de l'arrêté du 21 juin 1858.

Si la destination de ces embarcations vient à changer, la déclaration devra en être faite à la douane.

Ces embarcations ne pourront, en aucun cas, être affectées à un transport de marchandises ou produits quelconques, même d'un point à un autre de l'île, si les formalités prescrites par le paragraphe 1er de l'article 1er de l'arrêté du 28 janvier 1850 n'ont pas été accomplies.

Article 6 de l'arrêté précité.

En cas de contravention, la peine sera d'une amende de 25 à 100 francs.

ART. 93.

Les propriétaires présents dans la colonie qui, dans le délai d'un mois, et ceux absents, qui, dans les dix jours qui suivront leur arrivée, n'auront pas fait la déclaration prescrite par l'article précédent, seront punis d'amende, ainsi qu'il suit :

Articles 3 de l'arrêté du 20 octobre 1819, et 2 de l'arrêté du 22 janvier 1829.

Si le navire est ponté.............................. 500 francs.
Si le navire n'est pas ponté.......................... 250

Les navires et bateaux qui seront, à l'avenir, construits, soit dans les ports de la colonie, soit dans le fleuve, devront être déclarés à la douane, dans les trois mois de leur mise à l'eau, à peine, contre les propriétaires, de l'amende portée au présent article. Article 2 de l'arrêté du 28 janvier 1850.

ART. 94.

Tout propriétaire d'un navire qui voudra en changer le nom, sera tenu d'en demander, à l'avance, l'autorisation à l'administration des douanes. Article 18 de l'arrêté du 22 janvier 1829.

Lorsque cette autorisation aura été accordée, un avis indiquant le nouveau nom et tous ceux successivement portés par le navire, depuis l'époque de sa mise à l'eau, sera inséré au *Journal officiel* de la colonie.

Le changement de nom, sur les papiers des bâtiments ainsi que sur les enregistrements de l'administration, ne sera opéré que lorsque ces formalités auront été remplies.

Le vendeur ne sera déchargé de la soumission qu'il aura faite pour la représentation de son navire que lorsque les mêmes engagements auront été pris par l'acheteur.

SECTION II.

Des droits de tonnage.

ART. 95.

Le droit annuel de tonnage sur les bâtiments immatriculés dans la colonie, est : Article 1er de l'arrêté du 15 mai 1837.

Pour les bâtiments de 10 tonneaux et au-dessus.......... par tonneau.	2f 50c
Pour les bâtiments au-dessous de 10 tonneaux............ par tonneau.	1 25
Chaland ponté de tout tonnage, par tonneau...............	2 50
Chaland non ponté, par tonneau........................	1 25

Arrêté du 30 juin 1853

Ce droit sera liquidé et perçu par année et d'avance. Article 1er de l'arrêté du 4 décembre 1851.

La moitié des droits liquidés et payés sera remboursée à tous propriétaires qui, avant le premier juillet, auront fait, à la douane, une déclaration de mise à terre, de démolition ou de perte de leur navire. Article 3 de l'arrêté précité.

Les navires construits et mis à l'eau, et ceux francisés, dans le courant de l'année, ne devront le droit de tonnage qu'à dater du premier jour du trimestre alors commencé. Article 2 de l'arrêté du 18 mars 1850.

Dans les cas prévus au présent article, et, à défaut de déclarations et remises prescrites par ledit article, les droits de tonnage continueront à être liquidés à la charge des anciens propriétaires. § dernier de l'article 3 de l'arrêté du 18 mars 1850.

ART. 96.

Les navires caboteurs, non-attachés au port de Saint-Louis, seront soumis, à leur arrivée dans ce port, à un droit de tonnage de 50 centimes par tonneau de jauge jusqu'au cinquième voyage annuel, inclusivement. Arrêté du 25 août 1859.

SECTION III.

De la francisation des navires, des congés et du rôle d'équipage.

PARAGRAPHE PREMIER.

De la francisation, des congés, du manifeste, des déclarations en douane et du rôle d'équipage quant aux navires qui naviguent à l'intérieur du ~~fleuve~~ Sénégal.

ART. 97.

Les navires, bateaux, barques, alléges et chalands employés à la navigation sur le fleuve Sénégal ne sont tenus, soit au départ, soit à l'arrivée, à aucune déclaration en douane. Ils n'ont plus besoin de se munir d'un congé; ils ne déposent aucun manifeste. Article 1er de l'arrêté du 30 novembre 1864.

Toutefois, avant chaque départ, le patron remet, au bureau de l'inscription maritime ou entre les mains du commandant du poste, une liste, en double original, des hommes composant l'équipage et les passagers.

Un de ces originaux, signé du commissaire ou du commandant du poste, est délivré au patron qui doit le faire viser par le commandant de chaque poste et le représenter à toute réquisition.

La liste des hommes de l'équipage et des passagers devra porter, en tête, le nom du navire, sa jauge légale, son numéro d'immatriculation, le nom du propriétaire et celui de l'armateur.

Le nom et le numéro matricule de tout bâtiment ou embarcation se livrant à la navigation intérieure dudit fleuve seront marqués, à la poupe, en lettres blanches de huit centimètres, au moins, de hauteur, sur un fond noir.

Défense est faite d'effacer, d'altérer, de couvrir ou de masquer les marques dont il est parlé ci-dessus.

Toutes contraventions aux trois paragraphes qui précèdent sont punies d'une amende de 25 à 100 francs.

PARAGRAPHE II.

De la francisation des navires se livrant à la navigation maritime.

ART. 98.

Tout navire de 30 tonneaux et au-dessus, se livrant à la navigation maritime, doit être pourvu d'un acte de francisation. Article 4 de l'arrêté du 22 janvier 1829.

Cet acte de francisation sera délivré par la douane. Article 5 de l'arrêté précité.

Avant d'obtenir l'acte de francisation, le propriétaire souscrira et déposera au bureau de la douane une soumission cautionnée par un tiers agréé par l'administration, de 50 francs par tonneau, si le bâtiment est au-dessous de 200 tonneaux, et de 60 francs par tonneau, s'il est au-dessus de 200. Article 6 de l'arrêté précité.

ART. 99.

Le propriétaire se soumettra, par le cautionnement dont il est parlé ci-dessus, sous peine de confiscation du montant des sommes énoncées audit cautionnement et outre les condamnations qu'il pourrait encourir pour les faits de la navigation de son bâtiment : Article 7 de l'arrêté précité.

1° A ne point vendre, donner, prêter l'acte de francisation qui lui aura été délivré, ainsi que les congés dont il sera parlé plus loin, ni autrement en disposer ni en faire usage que pour le service du bâtiment pour lequel ils sont accordés.

2° A rapporter lesdits acte de francisation et congé au bureau qui les aura délivrés, ou à justifier de leur perte, si le bâtiment est pris par l'ennemi, brûlé ou perdu de quelqu'autre manière, vendu en partie ou en totalité à un étranger.

Et ce, dans les trois mois, si la perte ou la vente de la totalité ou de partie du bâtiment a eu lieu en Afrique ou sur les côtes d'Afrique, dans les limites assignées au grand cabotage de la colonie par le décret impérial du 26 février 1862, promulgué par l'arrêté du 16 mai suivant; et dans six, neuf mois ou un an, suivant la distance des autres lieux de perte ou de vente.

Art. 100.

Il sera payé, pour l'acte de francisation des susdits bâtiments : Article 8 de l'arrêté du 22 janvier 1829.

Au-dessous de 100 tonneaux	9f 00c
Au-dessus de 100 tonneaux et au-dessous de 200	18 00
Au-dessus de 200 tonneaux et au-dessous de 300	24 00
Et pour chaque 100 tonneaux au-dessus de 300	6 00

Un droit de 150 francs est imposé à tous navires étrangers, au-dessous de 30 tonneaux, admis dans la colonie au bénéfice de la francisation. Arrêté du 22 février 1854.

Ce droit sera de 5 francs, par tonneau de jauge, pour les navires au-dessus de 30 tonneaux.

Si des navires ainsi francisés étaient expédiés pour la métropole ou pour d'autres colonies françaises, ils n'y jouiraient d'aucun privilége particulier.

Art. 101.

Les ventes de navire ou partie de navire seront déclarées par le vendeur ou par l'acheteur au bureau de la douane ; il en sera fait mention sur le registre servant à l'immatriculation des bâtiments et on les inscrira, en outre, au dos de l'acte de francisation, ou, si le bâtiment a moins de 30 tonneaux, au dos du congé. Article 14 de l'arrêté du 22 janvier 1829.

Lorsqu'un acte de francisation aura été perdu, le propriétaire, en affirmant la sincérité de cette perte, en obtiendra un nouveau, à la charge de fournir semblable cautionnement et de payer les mêmes droits que pour le premier. Article 15 de l'arrêté précité.

Lorsqu'il y aura lieu de délivrer un nouvel acte de francisation, tous les noms que le bâtiment aura successivement portés y seront relatés. § dernier de l'article 18 de l'arrêté précité.

Art. 102.

Si, après la délivrance de l'acte de francisation, le bâtiment change dans sa forme, tonnage ou de toute autre manière, le propriétaire sera tenu de se munir d'un nouvel acte de francisation ; autrement, le bâtiment sera réputé étranger et traité comme tel dans ses relations commerciales avec la colonie. Article 16 de l'arrêté précité.

L'acte de francisation sera, dans les vingt-quatre heures de l'arrivée du bâtiment, déposé au bureau de la douane ; il y restera jusqu'au départ. Article 17 de l'arrêté précité.

PARAGRAPHE III.

Des congés pour les navires se livrant à la navigation maritime.

Art. 103.

Les bâtiments employés au petit, au grand cabotage et au long cours ne pourront prendre la mer qu'après s'être munis, au bureau de la douane, d'un congé qui sera renouvelé, tous les ans seulement, pour le grand et petit cabotage, et, à chaque voyage, pour les bâtiments employés au long cours.

Article 12 de l'arrêté du 22 janvier 1829.

Ceux de ces bâtiments qui seraient trouvés naviguant sans congé seront passibles d'une amende de 300 francs.

Article 10 de l'arrêté précité.

Art. 104.

Au dos du congé annuel délivré pour le petit et le grand cabotage, la douane mentionnera l'arrivée et le départ du bâtiment, à chaque voyage.

Article 12 § 2 de l'arrêté précité.

Chaque congé sera payé 6 francs.

Si, après la délivrance du congé, le bâtiment change dans sa forme, tonnage ou de toute autre manière, le propriétaire sera tenu de se munir d'un nouveau congé; autrement, le bâtiment sera réputé étranger et traité comme tel dans ses relations commerciales avec la colonie.

§ 2 de l'article 16 de l'arrêté précité.

Le congé sera, dans les vingt-quatre heures de l'arrivée du bâtiment, déposé au bureau de la douane, et y restera jusqu'au départ.

Article 17 de l'arrêté précité.

PARAGRAPHE IV.

Du rôle d'équipage pour les navires se livrant à la navigation maritime.

Art. 105.

Le rôle d'équipage est obligatoire pour tous bâtiments ou embarcations exerçant une navigation maritime.

Article 1er du décret impérial du 19 mars 1852, promulgué, dans la colonie, le 10 juin suivant.

La navigation est dite maritime sur la mer, dans les ports, sur les étangs et canaux dont les eaux sont salées et jusqu'aux limites de l'inscription maritime, sur les fleuves et rivières affluant directement ou indirectement à la mer.

Le rôle d'équipage est renouvelé, à chaque voyage, pour les bâtiments armés au long cours, et, tous les ans, pour ceux armés au cabotage ou à la petite pêche.

Article 2 du décret précité.

ART. 106.

Tout capitaine, maître ou patron ou tout individu qui en fait fonction, est tenu, sur la réquisition de qui de droit, d'exhiber son rôle d'équipage, sous peine d'une amende de 500 francs, si le navire est armé au long cours, de 200 francs, si le bâtiment ou embarcation est armé au cabotage, et de 100 francs, s'il est armé à la petite pêche.

Article 3 du décret impérial du 19 mars 1852.

L'embarquement de tout individu, qui ne figure pas sur le rôle d'équipage, est punissable, par chaque individu embarqué, d'une amende de 300 francs, si le bâtiment est armé au long cours, de 50 à 100 fr., si le bâtiment ou embarcation est armé au cabotage, et de 25 à 50 fr., s'il est armé à la petite pêche.

Article 4 du décret précité.

ART. 107.

Est punissable des peines portées en l'article précédent, et sous les mêmes conditions, le débarquement, sans l'intervention de l'autorité maritime, de tout individu porté, à un titre quelconque, sur un rôle d'équipage.

Article 5 du décret précité.

ART. 108.

Le nom et le port d'attache de tout bâtiment ou embarcation exerçant une navigation maritime, seront marqués à la poupe, en lettres blanches de 8 centimètres, au moins, de hauteur, sur un fond noir, sous peine d'une amende de 100 à 300 francs, s'il est armé au long cours; de 50 à 100 francs, s'il est armé au cabotage, et de 10 à 50 francs, s'il est armé à la petite pêche.

Article 6 du décret précité.

Défense est faite, sous les mêmes peines, d'effacer, altérer, ou masquer lesdits marques.

ART. 109.

Les commissaires de l'inscription maritime, officiers et officiers mariniers commandant les bâtiments et embarcations de l'État, les syndics des gens de mer, gardes maritimes et gendarmes de la marine concourront à la recherche et à la constatation des infractions prévues dans la présente section.

Articles 7 et 8 du décret précité.

Les agents de l'administration des douanes concourront seulement à la constatation de celles que prévoit l'article précédent.

Ces infractions, auxquelles ne seront point appliquées les dispositions de l'article 365, § 2 du Code d'instruction criminelle, seront poursuivies devant le tribunal correctionnel du lieu où elles auront été contatées.

Si la constatation a eu lieu en pays étranger, le procès-verbal dressé par le consul ou l'officier commandant un bâtiment de l'Etat, sera transmis au tribunal correctionnel dans le ressort duquel est situé le port d'attache du navire en contravention.

Cette transmission aura lieu par l'intermédiaire du commissaire de l'inscription maritime compétent, qui consignera sur le procès-verbal la date de sa réception.

ART. 110.

Article 9 du décret impérial du 19 mars 1852.

Les procès-verbaux feront foi jusqu'à inscription de faux; ils devront être signés; ils devront, en outre, et, à peine de nullité, être affirmés, dans les trois jours de leur clôture, par-devant le juge de paix du canton ou l'un de ses suppléants, ou par-devant le maire ou l'adjoint, soit de la résidence de l'agent instrumentaire, soit de celle où le délit a été constaté.

Ne sont point, toutefois, soumis à l'affirmation les procès-verbaux dressés par les commissaires de l'inscription maritime, consuls, et vice-consuls de France, officiers et officiers mariniers commandant les bâtiments et embarcations de l'État.

ART. 111.

Article 10 du décret précité.

Les poursuites ont lieu à la diligence du ministère public et aussi des commissaires de l'inscription maritime : ces officiers, dans ce cas, ont droit d'exposer l'affaire devant le tribunal et d'être entendus à l'appui de leurs conclusions.

Les poursuites seront intentées dans les trois mois qui suivront le jour où la contravention aura été constatée ou celui de la réception du procès-verbal dressé en pays étranger.

A défaut de poursuites intentées dans ce délai, l'action publique est prescrite.

ART. 112.

Article 11 du décret précité.

Toutes les amendes appliquées en vertu des articles de la présente section seront prononcées solidairement tant contre les capitaines, maîtres ou patrons, que contre les armateurs des bâtiments et embarcations.

Le montant de ces amendes sera attribué à la caisse des invalides de la marine et le cinquième en sera dévolu aux syndics des gens de mer, gardes maritimes, gendarmes de la marine et agents des douanes qui auront constaté la contravention.

Cette allocation ne pourra, toutefois, excéder 25 francs, pour chaque infraction.

CHAPITRE III.

DOUANES.

Art. 113.

Les marchandises de toute nature et de toute provenance peuvent être importées, par tout pavillon, à Saint-Louis et l'île de Gorée ;

Article 1er du décret impérial du 24 décembre 1864, promulgué dans la colonie le 13 février 1865.

A Saint-Louis, elles sont soumises à une taxe de 4 p. 0/0 de la valeur.

A Gorée, elles sont admises en franchise de tout droit de douane et de navigation.

Art. 114.

L'accès du fleuve du Sénégal, au-dessus de Saint-Louis, continue à être interdit aux bâtiments étrangers.

Article 2 du décret précité.

Art. 115.

Les marchandises importées à Saint-Louis jouissent, pendant un an, du bénéfice de l'entrepôt fictif ; à l'expiration de ce délai, les droits sont liquidés d'office.

Article 3 du décret précité.

Art. 116.

Les produits chargés dans les ports de Saint-Louis et de Gorée peuvent être exportés pour toute destination et par tout pavillon.

Article 4 du décret précité.

Art. 117.

Les produits chargés dans les ports de Saint-Louis et de Gorée, sur des navires étrangers, seront, à leur importation en France, assujettis à une surtaxe de pavillon de 20 francs par tonneau d'affrétement, conformément aux dispositions de la loi du 3 juillet 1861, concernant le régime des douanes des Antilles françaises et de la Réunion.

Articles 5 et 6 du décret précité.

Sont abrogées toutes dispositions contraires.

Art. 118.

Tout capitaine devra, dans les 24 heures de son arrivée, et sous peine d'une amende de 100 francs, déposer à la douane ses papiers de bord et son manifeste.

Article 2 de l'arrêté du 29 juin 1865.

ART. 119.

Les droits des marchandises qui ne sont pas portées sur le tableau des prix courants, sont liquidés sur l'appréciation des acquits à cautions augmentés de 30 p. 0/0, ou, à défaut, sur celle des factures produites qui seront soumises à la même augmentation.

Article 3 de l'arrêté du 29 juin 1865.

ART. 120.

Les marchandises provenant de sauvetage seront reçues à Saint-Louis, après déclaration et à la charge par le propriétaire d'en payer les droits, au taux du tarif en vigueur dans la colonie.

Article 4 de l'arrêté précité.

Toute tentative d'introduction frauduleuse, en contravention au paragraphe précédent, est punie conformément aux dispositions des articles 123, 124, 125 et 126 ci-après.

ART. 121.

Le trésorier payeur est autorisé à recevoir le payement des droits d'entrée, en billets à ordre.

Article 5 de l'arrêté précité.

Les billets ne dépassent pas le terme de six mois; le délai court du jour de la mise en consommation de la marchandise.

Ils ne sont admis en payement que pour des droits excédant trois cents francs.

Ils énoncent qu'ils ont pour cause l'acquittement des droits de douane; ils sont souscrits, cautionnés ou endossés par deux négociants d'une solvabilité notoire et domiciliés dans la résidence du trésorier ou, même, par un plus grand nombre, si le trésorier l'exige.

Le trésorier est responsable du payement des billets à ordre qu'il a reçus; en dédommagement de cette responsabilité, il lui est alloué, par les débiteurs, une remise de un pour cent du montant du crédit, sans qu'il puisse exiger, et même recevoir une somme plus forte.

ART. 122.

Le permis de débarquement est accordé sur le vu d'une soumission suffisamment cautionnée.

Article 6 de l'arrêté précité.

La durée des crédits pour la liquidation des droits est limitée à trente jours qui courent du jour de la date de la déclaration.

La soumission est signée par le redevable du droit et par deux cautions s'engageant solidairement avec lui.

La remise à payer au trésorier par les débiteurs est fixée à un quart pour cent du montant des droits liquidés.

Néanmoins, lorsque le payement a lieu dans les trois jours de la liquidation des droits, il n'est pas dû de remise.

N'est plus admis au crédit celui qui, dans les trente jours ci-dessus fixés, n'a pas satisfait au payement des droits liquidés.

ART. 123.

Toute introduction frauduleuse de marchandises d'une valeur au-dessus de cent francs, suivant le tarif, constitue le délit de contrebande.

Articles 1er, 2 et 3 de l'arrêté du 29 septembre 1828.

Pour ce fait, le délinquant est traduit devant le tribunal correctionnel, lequel, indépendamment de la confiscation des objets de contrebande et des moyens de transport, prononce une amende de 500 francs quand la valeur des objets n'excède pas cette somme et, dans le cas contraire, une amende égale à la valeur de l'objet.

Si la valeur de la marchandise est au-dessous de cent francs, la confiscation en est opérée par décision administrative.

ART. 124.

Si l'importation frauduleuse a été faite avec attroupement et port d'armes, elle entraînera 1° la confiscation des marchandises et des moyens de transport, 2° une amende solidaire de mille fr. si la valeur de l'objet confisqué n'excède pas cette somme, ou du double de la valeur des objets confisqués si cette valeur excède mille francs, 3° un emprisonnement qui ne pourra être moindre de six mois ni excéder trois ans. Le tout sans préjudice des peines plus graves prononcées par le Code pénal dans le cas de rébellion.

Article 4 de l'arrêté précité.

ART. 125.

L'exportation des produits sans déclaration à la douane constitue également la contrebande et donne ouverture à l'application de la peine énoncée en l'article 123 ci-dessus.

Article 5 de l'arrêté précité.

ART. 126.

Les propriétaires des marchandises ou des moyens de transport saisis sont responsables civilement du fait de leurs agents, capitaines de navires, maîtres, patrons, matelots et domestiques, en ce qui concerne les droits, confiscations, amendes et dépens.

Article 6 de l'arrêté précité.

ART. 127.

Deux préposés de l'administration des douanes, deux employés du Gouvernement, civils ou militaires, ou deux habitants du Sénégal, suffisent pour constater les contraventions.

Article 7 de l'arrêté du 29 septembre 1828.

ART. 128.

Ceux qui procèderont aux saisies conduiront ou feront conduire immédiatement les objets saisis au bureau de la douane et ils y rédigeront leur procès-verbal, sur-le-champ.

Il sera agi de même à l'égard des moyens de transport autres que les bâtiments de mer; ceux-ci seront conduits devant le port.

Article 8 de l'arrêté précité.

ART. 129.

Les procès-verbaux énonceront la date et la cause de la saisie; la déclaration qui en aura été faite au prévenu; les nom, qualité et demeure des saisissants, l'espèce, poids ou nombre des objets saisis, la présence de la partie à leur description ou la sommation qui lui aura été faite d'y assister, le nom, la qualité du gardien auquel l'objet saisi aura été commis, le lieu de la rédaction du procès-verbal et l'heure de sa clôture.

Article 9 de l'arrêté précité.

ART. 130.

Dans le cas où le motif de la saisie portera sur le faux ou l'altération des expéditions, le procès-verbal énoncera le genre de faux, les altérations ou les surcharges.

Lesdites expéditions signées et paraphées par les saisissants, *ne varientur*, seront annexées au procès-verbal qui contiendra sommation faite à la partie de les signer, et sa réponse.

Article 10 de l'arrêté précité.

ART. 131.

Il sera offert mainlevée par l'administration des douanes, sous caution solvable ou en consignant la valeur, des marchandises saisies, ainsi que des moyens de transport.

Cette offre, ainsi que la réponse de la partie, sera mentionnée au procès-verbal.

Article 11 de l'arrêté précité.

ART. 132.

Si le prévenu est présent, le procès-verbal énoncera qu'il lui a été donné lecture dudit procès-verbal; qu'il a été interpellé de le signer, et qu'il en a, de suite, reçu une copie, avec cita-

Article 12 de l'arrêté précité.

tion à comparaître, dans les trois jours, devant le tribunal correctionnel.

Si le prévenu est absent, copie du procès-verbal sera affichée à la porte du bureau de la douane.

La citation lui sera alors donnée à domicile, et à défaut d'un domicile certain, à celui du maire.

ART. 133.

Lorsqu'il y aura lieu à saisir dans une maison, les agents de l'administration des douanes devront requérir l'assistance d'un juge ou du maire de la ville.

Article 13 de l'arrêté du 29 septembre 1828.

Le procès-verbal qui relatera la description des marchandises sera rédigé sur le lieu de la saisie, en présence du fonctionnaire requis pour assister à la visite, et mentionnera que cette formalité a été remplie.

Ces saisies ne pourront, dans aucun cas, être effectuées la nuit, c'est-à-dire de six heures du soir à six heures du matin.

Les marchandises ne seront pas déplacées pourvu que la partie donne caution solvable pour leur valeur.

Si la partie ne fournit pas caution, les marchandises seront transportées au bureau de la douane.

ART. 134.

A l'égard des saisies faites sur les bâtiments de mer pontés, lorsque le déchargement ne pourra avoir lieu de suite, les saisissants apposeront les scellés sur les ferrements et écoutilles des bâtiments.

Articles 14 et 15 de l'arrêté précité.

Le procès-verbal qui sera dressé au fur et à mesure du déchargement fera mention du nombre, des marques et des numéros des ballots, caisses et tonneaux.

La description en détail ne sera faite qu'au bureau, en présence de la partie ou après sommation d'y assister.

Il lui sera donné copie à chaque vacation.

L'apposition de scellés sur les portes ou d'un plomb ou cachet sur les caisses ou ballots aura lieu toutes les fois que la continuation de la description sera renvoyée à une autre séance.

Les procès-verbaux de saisie seront affirmés au moins par deux des saisissants devant le président du tribunal, dans le délai donné au prévenu pour comparaître.

L'affirmation énoncera qu'il a été donné aux affirmants lecture du procès-verbal.

Art. 135.

Les procès-verbaux ainsi rédigés et affirmés, lorsqu'ils auront été faits par les préposés des douanes ou tous autres employés du Gouvernement civils ou militaires, seront crus jusqu'à inscription de faux.

Articles 16 et 17 de l'arrêté du 29 septembre 1828.

Le tribunal ne pourra admettre contre lesdits rapports ni la preuve par témoins, ni aucune nullité résultant de l'omission des formalités prescrites par les articles précédents, à moins que le vice de forme signalé par le saisi ne soit reconnu lui porter préjudice.

A l'égard des procès-verbaux dressés par des personnes qui n'appartiennent pas au service, le tribunal pourra admettre, contre lesdits rapports, la preuve par témoins.

Les procès-verbaux, après avoir été affirmés et enregistrés, seront transmis, par le directeur de la douane, au ministère public qui y donnera immédiatement suite devant le tribunal correctionnel. Néanmoins, l'administration de la douane poursuivra en son nom la condamnation.

Art. 136.

Au jour indiqué pour la comparution, le tribunal entendra la partie, soit par elle-même, soit par son fondé de pouvoirs, et sera tenu de rendre immédiatement son jugement.

Article 18 de l'arrêté précité.

Si les circonstances de la saisie nécessitent un délai, ce délai ne pourra excéder trois jours, et, dans ce cas, le jugement de renvoi pourra autoriser la vente des marchandises sujettes à dépérissement ainsi que celle des moyens de transport.

La partie saisie et tout intervenant seront tenus, lors de leur comparution, de faire élection de domicile dans la ville où siége le tribunal.

Tous actes de procédure subséquents à la requête de l'administration des douanes ou du ministère public, pourront être faits au domicile élu.

Art. 137.

Il est expressément défendu aux juges :

Article 19 de l'arrêté précité.

1° De donner mainlevée provisoire des marchandises ou des moyens de transport saisis sous d'autres conditions que celles établies par l'article 131 ci-dessus ;

2° D'excuser les délinquants sur l'intention ;

3° De modérer les droits, confiscations et amendes.

ART. 138.

L'amende déterminée par les articles 123 et 124 ci-dessus étant proportionnelle à la valeur des objets saisis, ladite valeur sera réglée avant le jugement par experts convenus de gré à gré entre l'administration et la partie, ou nommés d'office par le tribunal.

Article 20 de l'arrêté du 29 septembre 1828.

ART. 139.

Lorsqu'il y aura, de la part de l'administration, appel du jugement rendu en faveur des prévenus, la mainlevée des saisies ne sera donnée qu'au préalable ceux, au profit desquels lesdits jugements auront été rendus, n'aient donné bonne et suffisante caution de la valeur.

Article 22 de l'arrêté précité.

ART. 140.

Dans le cas où, à raison d'un vice de forme, il y aura lieu, pour le tribunal, d'annuler un rapport ou procès-verbal portant saisie d'objets introduits frauduleusement et lorsqu'il aura été reconnu, par l'aveu de la partie ou par experts, que les objets saisis sont de la classe de ceux soumis à des droits dont la fraude tendait à éluder le payement, le tribunal devra en prononcer, séance tenante, la confiscation, mais sans que la confiscation s'étende aux moyens de transport ni qu'il puisse être prononcé d'amende.

Article 23 de l'arrêté précité.

ART. 141.

Celui qui voudra s'inscrire en faux contre un procès-verbal sera tenu d'en faire la déclaration par écrit, en personne, ou par un fondé de pouvoir spécial, au plus tard, à l'audience indiquée par la sommation de comparaître devant le tribunal qui doit connaître de la contravention.

Article 24 de l'arrêté précité.

Il devra, dans les trois jours suivants, faire au greffe dudit tribunal le dépôt des moyens de faux et des noms et des qualités des témoins qu'il voudra faire entendre, le tout à peine de déchéance de l'inscription de faux.

ART. 142.

Il sera sursis au jugement de la contravention jusqu'après le jugement sur l'inscription de faux, et, néanmoins, le tribunal pourra ordonner la vente des marchandises sujettes à dépérissement ainsi que celles des moyens de transport.

Article 25 de l'arrêté précité.

ART. 143.

Les condamnations contre plusieurs personnes, pour un même fait de fraude, sont solidaires, tant pour la restitution du prix des marchandises confisquées dont la remise provisoire aurait été faite que pour l'amende et les dépens.

Articles 27, 28 et 30 de l'arrêté du 29 septembre 1828.

Les jugements portant confiscation seront exécutés par corps, tant contre la partie condamnée que contre la caution.

Les objets saisis ne pourront être revendiqués par les propriétaires, ni le prix, qu'il soit consigné ou non, réclamé par aucun créancier même privilégié, sauf recours contre les auteurs de la fraude.

ART. 144.

Dès que le jugement sera devenu exécutoire, les objets saisis seront vendus publiquement à la diligence de l'administration des douanes qui en annoncera la vente par affiches apposées cinq jours à l'avance, au greffe, à la porte des bureaux de l'administration et à celle de l'hôtel du Gouvernement.

Article 31 de l'arrêté précité.

ART. 145.

Tout préposé des douanes qui serait convaincu d'avoir sciemment favorisé la contrebande ou d'avoir reçu, à cet effet, quelque récompense, gratification ou présent, sera puni des peines prononcées par le Code pénal.

Articles 32 et 33 de l'arrêté précité.

Tout négociant ou commissionnaire qui aura été impliqué, soit par son propre fait, soit par celui de ses agents, dans un jugement rendu en matière de contrebande, pourra, indépendamment des peines portées par les articles précédents, être privé, par un arrêté spécial du Gouverneur, de tout crédit pour le payement des droits de douane.

ART. 146.

L'administration des douanes est autorisée à transiger sur les procès relatifs aux faits de contrebande, soit avant, soit après le jugement.

Article 31 de l'arrêté précité.

Toute transaction mettra à la charge de la partie le payement de tous les frais faits jusqu'au jour où elle aura été approuvée.

La faculté de transiger est interdite 1° lorsque le rapport des saisissants relatera des voies de fait par les prévenus contre eux; 2° lorsque l'introduction frauduleuse aura été faite ou tentée avec les circonstances prévues par l'article 124 ci-dessus.

Art. 147.

Les transactions arrêtées par le directeur de la douane ne seront exécutoires que lorsqu'elles auront été approuvées par le Gouverneur, en conseil. Article 35 de l'arrêté du 29 septembre 1828.

Elles seront ensuite communiquées au ministère public, dans le cas où il y aurait eu un commencement d'instruction.

Art. 148.

Toute personne qui s'opposera à l'exercice des préposés des douanes sera condamnée à une amende de 500 francs. Article 36 de l'arrêté précité.

Dans le cas où il y aurait voies de fait, les auteurs seront déférés au ministère public qui demandera contre eux l'application des peines prononcées par le Code pénal.

Art. 149.

Les agents du service des douanes prêteront, devant le tribunal de 1re instance, le serment voulu par la constitution et celui prescrit par l'article 12 du titre XIII de la loi du 2 août 1791. Article 33 de l'arrêté du 29 juin 1865.

Ce serment sera valable pour tout le temps où l'employé restera en exercice dans la colonie.

La prestation de ce serment sera inscrite, par le greffier, à la suite de la commission délivrée au préposé et enregistrée.

Art. 150.

Le prix des objets confisqués et l'amende ou le montant de la transaction seront répartis entre les employés des douanes et autres saisissants, conformément aux dispositions métropolitaines suivies dans la colonie. Article 34 de l'arrêté précité.

CHAPITRE IV.

PATENTES ET LICENCES.

ART. 151.

Les droits annuels de patente et de licence, dans la colonie, seront perçus d'après le tarif suivant :

Articles 1ers des arrêtés du 15 mai 1837 et du 5 février 1848.

ARRONDISSEMENT DE SAINT-LOUIS.

VILLE DE SAINT-LOUIS,

Patente de négociant	800 fr.
Patente de marchand détaillant	400

FAUBOURGS DE SAINT-LOUIS.

Leybar, Dialakhar, Gandiole.

Patente de marchand détaillant	200

Article 1er de l'arrêté du 29 octobre 1863.

ARRONDISSEMENT DE GORÉE.

VILLE DE GORÉE.

Patente de négociant	600
Patente de marchand détaillant	300

Arrêté du 15 mai 1837.

BANLIEUE DE GORÉE.

Dakar, Rufisque, Joal.

Patente de marchand détaillant	200

Article 1er de l'arrêté du 29 octobre 1863.

Les droits annuels de licence pour toute la colonie sont fixés à 600 francs.

Article 3 de l'arrêté du 8 mars 1862.

ART. 152.

Sont compris sous le titre de négociants tous ceux dont le principal commerce [illegible] à recevoir directement des marchandises de l'exté[illegible] exporter les produits de la colonie.

Article 2 de l'arrêté du 15 mai 1837.

Sont compris so[illegible] le marchands détaillant tous ceux qui, ne recevant de [illegible]rieur que la moindre partie de leurs marchandises, achète[illegible] le reste des négociants ou des consignataires et revendent ensuite, partie en demi-gros, partie en détail, sans exporter aucun produit indigène.

Les personnes tenant table d'hôte ou pension bourgeoise, et ayant, dans ce cas, plus de quatre pensionnaires.

Les chefs d'ateliers et tous artisans ayant atelier pour leur compte.

Sont soumis à la licence, les aubergistes, traiteurs, teneurs de billards, cabarets et tous autres vendant, au détail, des boissons dans leur établissement. § 3 de l'article 2 de l'arrêté du 15 mai 1837.

Le payement du droit de licence n'exemptera pas de prendre une patente pour tout autre commerce ou profession exercée simultanément et soumis au droit de patente.

ART. 153.

Les capitaines subrécargues vendant à terre ou à bord leurs cargaisons, en gros ou en détail, seront soumis à prendre une patente dont le montant sera déterminé d'après la valeur des marchandises dont le manifeste leur attribuera la propriété ou la consignation. Article 3 § 1er de l'arrêté précité.

L'estimation des marchandises sera faite d'après le tarif des droits d'entrée. § 2 du même article.

Les droits de cette patente sont dus, pour chaque voyage, spécialement, quelle que soit la durée du séjour dans la colonie. Article 1er de l'arrêté du 4 août 1852.

Ils sont fixés comme suit :

Pour une cargaison au-dessus de 10,000 francs.

Saint-Louis..................................	300 fr.	
Gorée..................................	200	Arrêté du 3 août 1855.

Pour une cargaison de 10,000 à 1,000 francs.

Saint-Louis..................................	200	Arrêté du 4 août 1852.
Gorée..................................	150	Arrêté du 3 août 1855.

Lorsque, dans le même voyage, les capitaines auront payé des droits de patente, à Gorée, ceux qu'ils auront à acquitter, à Saint-Louis, seront : Articles 1er et 2 de l'arrêté du 12 juillet 1855.

Pour une cargaison au-dessus de 10,000 francs, de......	150 fr.
Pour une cargaison de 10,000 à 1,000 francs, de........	100

ART. 154.

Au-dessous de mille francs, les marchandises seront considérées comme simple pacotille appartenant au capitaine ou au subrécargue qui, dans ce cas, ne sera tenu à aucun droit de patente. § 6 de l'article 3 de l'arrêté du 15 mai 1837.

Tout gérant de cargaison qui vendra dans ses magasins d'autres marchandises que celles dont il aura fait la déclaration en douane, sera puni d'une amende fixée au taux annuel du droit § 7 de l'article 3 de l'arrêté précité.

de patente imposé au genre de commerce dans lequel il sera classé.

Les droits de patente acquis au trésor, en vertu du présent article, seront établis par l'administration sur le vu du manifeste et d'après l'état de liquidation des droits d'entrée.

§ 8 de l'article 3 de l'arrêté du 15 mai 1837.

ART. 155.

Sauf l'exception spécifiée à l'article 152 ci-dessus, en ce qui concerne les licences, nul ne sera tenu de prendre plus d'une patente, quelles que soient les diverses branches de commerce qu'il exerce; mais le droit de patente sera dû pour le genre de commerce le plus imposé.

Article 4 de l'arrêté précité.

Néanmoins, une seule patente ne pourra couvrir que les établissements tenus dans la même maison et sous la même raison sociale ou par la même personne.

La patente de négociant ne pourra couvrir qu'un seul magasin de détail dans la maison de son établissement.

Les associés, composant authentiquement une seule et même maison de commerce et d'industrie, n'ont besoin pour eux tous que d'une seule patente.

Ar[illegible] 5 de l'arrêté pré[illegible]

La classification des personnes soumises à la patente et à la licence, d'après les dispositions de l'article 152 ci-dessus, sera établie le 1er janvier de chaque année.

Article 6 de l'arrêté précité.

ART. 156.

Le rôle des patentes et des licences sera dressé par l'ordonnateur, visé et vérifié par le contrôleur et soumis à l'approbation du Gouverneur, en conseil, pour être rendu exécutoire.

Article 7 de l'arrêté précité.

Les recouvrements seront faits, par les soins du percepteur, dans les formes ordinaires et aux époques ci-après déterminées.

ART. 157.

Les patentes seront prises dans les deux premiers mois de chaque semestre, pour tout le semestre, sans qu'elle puisse être bornée à une partie de semestre.

Article 8 de l'arrêté précité.

Les droits de patente seront payés :

Pour le premier semestre de l'année, *avant le* 15 *février ;*

Pour le deuxième semestre, *avant le* 15 *août*.

Ceux qui entreprendront, dans le courant d'un semestre, une profession, une industrie ou un commerce sujets à la patente, ne devront le droit qu'au prorata du semestre calculé par trimestre, sans qu'un trimestre puisse être divisé.

Ils seront tenus de payer leur quote-part dans le mois de leur établissement.

Nulle patente ne sera délivrée ou renouvelée que sur la représentation préalable de la quittance des droits.

Article 158.

Les patentés qui n'auront pas acquitté les droits aux époques ci-dessus, recevront du percepteur un avertissement, sans frais. Article 9 de l'arrêté précité.

Dix jours après cet avertissement, il sera signifié aux retardataires un extrait du rôle rendu exécutoire par le Gouverneur, avec commandement de payer.

Faute d'y satisfaire dans le délai de trois jours, il sera procédé à la saisie et ensuite à la vente des meubles et marchandises du débiteur, jusqu'à concurrence des droits de patente et des frais auxquels la poursuite aura donné lieu.

Art. 159.

Nul ne peut se livrer à un commerce, profession ou industrie soumis aux droits de patente ou de licence, avant d'en avoir fait la déclaration dans les bureaux de l'administration et d'avoir pris l'engagement de payer la taxe réglementaire. Article 11 de l'arrêté précité.

Les commerçants soumis aux droits de licence prendront, en outre, l'engagement de se conformer aux règlements sur la police et les heures de fermeture des établissements.

Il sera délivré un certificat de ces déclaration et engagement, lequel sera échangé ultérieurement contre la patente ou la licence, selon qu'il y aura lieu.

Art. 160.

Tout commerçant qui ne sera pas en mesure de représenter sa patente ou sa licence, aux agents de l'administration ou des douanes, ou, à défaut, la preuve qu'il est inscrit au rôle des patentés, ou le certificat exigé par l'article précédent, sera puni d'une amende *de* 25 à 100 *francs, sans préjudice du payement du droit de patente ou de licence qu'il aura fraudé; droit auquel il sera contraint pour l'année entière, lors même qu'il déclarerait cesser son commerce.* Article 12 de l'arrêté précité. Arrêté du 29 juin 1865

Toute personne qui aura exercé un commerce supérieur à celui dont elle aura pris la patente, sera tenue de payer la différence, plus une amende égale à cette différence. Article 13 de l'arrêté du 15 mai 1837.

Toute personne soumise à la patente ou à la licence qui Article 14 de l'arrêté précité.

cessera son commerce ou son industrie, sera tenue d'en faire, à l'avance, la déclaration à l'administration, sans pouvoir, toutefois, être dispensée du payement des droits pour le semestre commencé.

Elle retirera certificat de sa déclaration.

Tant que cette formalité n'aura pas été remplie le commerçant sera réputé continuer son commerce, et comme tel soumis à acquitter la taxe.

CHAPITRE V.

DE L'IMPOT FONCIER.

Art. 161.

L'impôt foncier sur les maisons est fixé, pour Saint-Louis, à 4 p. 0/0, et pour Gorée, à 3 p. 0/0 de leur valeur locative réelle ou estimée.

Articles 1ers des arrêtés des 15 mai 1837 et 5 février 1848.

Jusqu'à ce qu'il en soit autrement ordonné, sont exempts de l'impôt :

Dans l'île Saint-Louis, les terrains, les cases en paille, les maisons ou cases en maçonnerie construites de plein pied sur le sol et dont les dimensions n'excèdent pas celles fixées par l'article 8 de l'arrêté du 27 décembre 1842, sur la voirie.

Article 3 de l'arrêté du 15 mai 1837.

Dans l'île de Gorée, les terrains, les cases en paille, les maisons ou cases formées d'un seul rez-de-chaussée et n'ayant pas plus de dix pièces.

Les maisons habitées par leurs propriétaires et dont la valeur locative estimée ne dépassera pas 200 francs par an.

Article 1er de l'arrêté du 20 août 1849.

Les édifices appartenant à l'Etat sont également exempts de l'impôt foncier.

Article 2 de l'arrêté du 15 mai 1837.

Toute construction neuve exécutée soit à Saint-Louis, soit à Gorée, qui ne sera pas comprise dans les tolérances mentionnées au présent article, sera exempte d'impôt, pendant trois ans, à compter du premier janvier qui suivra l'année de son achèvement.

Article 4 de l'arrêté précité.

Art. 162.

Les rôles de la contribution foncière seront établis, le 1er juillet, par une commission spéciale de répartition nommée, à Saint-Louis, par le Gouverneur, et à Gorée, par le commandant.

Article 5 de l'arrêté précité.

Tout propriétaire qui se croirait surtaxé ou compris indûment sur le rôle pourra présenter sa réclamation jusqu'au 30 novembre, inclusivement.

Les commissions statueront sur ses réclamations.

En cas de contestation, elles seront déférées au Gouverneur, pour y être pourvu définitivement en conseil d'administration.

Les rôles seront revisés tous les deux ans.

Article 6 de l'arrêté précité.

Le 1er décembre, les rôles seront arrêtés par les répartiteurs

Article 7 de l'arrêté précité.

et adressés à l'ordonnateur qui les couvrira de son visa, réclamera celui du contrôleur et ensuite les présentera à l'approbation du Gouverneur, en conseil d'administration.

Les rôles revêtus de ces formalités seront transcrits sur une matricule tenue *ad hoc*, et par ordre alphabétique, au bureau des fonds de chaque localité.

Ils seront ensuite déposés au contrôle.

ART. 163.

L'impôt foncier sera payable d'avance et par semestre, savoir : le premier terme, dans le courant de janvier ; le second, dans le courant de juillet.

Article 8 de l'arrêté du 15 mai 1837.

La perception et les recouvrements auront lieu d'après le mode prescrit par les dispositions ci-dessus concernant les patentes et les licences.

CHAPITRE VI.

DE L'IMPOT PERSONNEL.

Art. 164.

Est établi, dans la colonie du Sénégal, au profit du budget local, un impôt personnel perçu sur chaque habitant jouissant de ses droits.

Article 1er du décret impérial du 4 août 1860.

La contribution personnelle se compose de la valeur d'un certain nombre de journées de travail déterminé par le Gouverneur, en conseil d'administration.

Article 2 du décret précité.

Le Gouverneur fixe de la même manière le prix moyen de la journée de travail pour les diverses localités de la colonie.

La contribution personnelle est due par chaque habitant français ou étranger, des deux sexes, jouissant de ses droits et non réputé indigent.

Sont considérés comme jouissant de leurs droits les veuves et les femmes séparées de leur mari, les garçons et filles majeurs ou mineurs ayant des moyens d'existence, soit par leur fortune personnelle, soit par la profession qu'ils exercent lors même qu'ils habitent avec leurs père, mère, tuteur ou curateur.

Article 3 du décret précité.

Sont seuls réputés indigents ceux qui, indépendamment du défaut de ressources personnelles, se trouvent, par leur âge ou leurs infirmités, dans l'impossibilité de se livrer au travail.

Art. 165.

Un arrêté du Gouverneur détermine le mode de payement de cette taxe d'après les lois et règlements qui régissent, dans la métropole, l'exercice des poursuites en matières de contributions directes.

Article 4 du décret précité.

Le Gouverneur détermine, par arrêtés, les mesures de police et de contrôle nécessaires pour établir, chaque année, l'état nominatif de toutes les personnes imposables à la taxe personnelle et pour assurer le recouvrement intégral de toutes les cotes inscrites.

Article 5 du décret précité.

Art. 166.

Les dispositions prévues à l'article précédent ne sont pas exclusives des moyens ordinaires de recouvrement et de poursuite qui peuvent être employés à l'égard des contribuables reconnus en possession de gages saisissables.

Article 6 du décret précité.

ART. 167.

Sont exempts de la contribution personnelle :

Article 7 du décret impérial du 4 août 1860.

1° Les officiers de troupes ;
2° Les gendarmes et sous-officiers de gendarmerie ;
3° Les sous-officiers et préposés du service actif des douanes ;
4° Les marins et ouvriers de l'inscription maritime ;
5° Les sapeurs-pompiers au-dessous du grade d'officier.

ART. 168.

La contribution personnelle est fixée à trois journées de travail.

Article 2 de l'arrêté du 9 août 1861.

Chaque journée de travail est évaluée à 1 franc pour la ville de Saint-Louis et ses faubourgs (Guet-Ndar, Ndar-Toute, Bop-Nquior, Bouëtville) ainsi que pour Gorée, et à 0 fr. 50 cent., pour toutes les autres localités de la colonie désignées ci-après, savoir :

1° Banlieue de Saint-Louis, comprenant le Gandiole, le Toubé, Dialakhar, Mpal, Badem, etc.
2° Banlieue de Gorée, comprenant le Diander ;
3° Le Oualo ;
4° Le Dimar ;
5° La partie orientale du Guoy ;
6° Les villages sous nos postes tels que Dagana, Podor, Saldé, Matam, Bakel, Médine, Sénoudébou, Richard-Toll, Sedhiou, Carabane, Joal, etc, etc.

Elle est due par toute personne qui se trouve dans les conditions déterminées par l'article 164 ci-dessus.

Article 3 de l'arrêté précité.

ART. 169.

La taxe sera acquittée en argent.

Article 4 de l'arrêté précité.

Les populations de Saint-Louis et de ses faubourgs ainsi que de Gorée pourront, cependant, acquitter cette taxe en journées de travail.

Les populations des autres localités de la colonie auront la faculté de l'acquitter en coton évalué suivant la mercuriale de la douane.

ART. 170.

Le recouvrement de l'impôt pour Saint-Louis et ses faubourgs ainsi que pour Gorée, sera effectué par les percepteurs

Article 5 de l'arrêté précité.

des contributions, sous la surveillance et la responsabilité du du trésorier.

Pour tous les autres lieux, l'impôt sera perçu par les chefs de village, sous la surveillance de la direction des affaires politiques et avec le concours des commandants des postes.

ART. 171.

Celui qui voudra fournir des journées de travail en nature devra le déclarer lors du recensement et se faire inscrire sur la liste tenue, à cet effet, par le directeur des ponts-et-chaussées. (Article 7 de l'arrêté du 9 août 1861.)

Au fur et à mesure des besoins du service, le directeur requerra les prestataires en les prévenant, au moins, cinq jours à l'avance.

Le service des ponts-et-chaussées aura, à Saint-Louis et à Gorée, des ateliers de déblais, remblais ou transports de matériaux où les prestataires pourront fournir les journées de travail en nature. (Article 8 de l'arrêté précité.)

Ces prestataires ne seront jamais soumis à un travail répugnant, ni confondus, sur un même atelier, avec des condamnés.

Le prestataire qui ne se soumettra pas aux règles de l'atelier pourra être renvoyé par le surveillant et sa cote ou le complément sera exigible en argent.

L'accomplissement des journées de travail sera constaté par un certificat du directeur des ponts-et-chaussées. (Article 9 de l'arrêté précité.)

Ce certificat, pour valoir libération, devra être revêtu du visa du percepteur.

L'impôt des salariés du gouvernement pourra être retenu sur leur traitement par le trésorier qui, dans ce cas, devra leur en remettre la quittance. (Article 10 de l'arrêté précité.)

ART. 172.

Tout contribuable qui n'acquittera pas dans le délai de trois mois, à partir de la publication du rôle, la contribution à laquelle il aura été imposé, sera poursuivi conformément aux dispositions en vigueur sur le recouvrement des contributions directes. (Article 11 de l'arrêté précité.)

CHAPITRE VII.

DES POIDS ET MESURES.

ART. 173.

Tous poids et mesures autres que les poids et mesures établis par les lois du 18 germinal an III et 19 frimaire an VIII, constitutives du système métrique décimal, sont interdits sous les peines portées par l'article 479 du Code pénal.

Article 3 de la loi du 4 juillet 1837, promulguée dans la colonie le 1er juillet 1840.

Ceux qui auront des poids et mesures autres que les poids et mesures ci-dessus reconnus, dans leurs magasins, boutiques, ateliers ou maisons de commerce, ou dans les halles, foires ou marchés, seront punis comme ceux qui les emploieront, conformément à l'article 479, n° 6, du Code pénal.

Article 4 de la loi précitée.

ART. 174.

Toutes énonciations de poids et mesures autres que celles portées dans le tableau annexé à la loi du 4 juillet 1837, sont interdites dans les actes publics ainsi que dans les affiches et annonces.

Article 5 de la loi précitée.

Elles sont également interdites dans les sous-seings privés, les registres de commerce et autres écritures privées, produits en justice.

Les officiers publics contrevenants seront passibles d'une amende de 20 francs, qui sera recouvrée sur contrainte comme en matière d'enregistrement.

L'amende sera de 10 francs pour les autres contrevenants; elle sera perçue pour chaque acte ou écriture sous signature privée.

Quant aux registres de commerce, ils ne donneront lieu qu'à une seule amende pour chaque contestation dans laquelle ils seront produits.

Il est défendu aux juges et arbitres de rendre aucun jugement ou décision en faveur des particuliers, sur des actes, registres ou écrits dans lesquels les dénominations interdites par le présent article auraient été insérées avant que les amendes encourues aient été payées.

Article 6 de la loi précitée.

ART. 175.

Les vérificateurs des poids et mesures constateront les con-

Article 7 de la loi précitée.

traventions prévues par les lois et règlements concernant le système métrique des poids et mesures.

Ils pourront procéder à la saisie des instruments de pesage et de mesurage dont l'usage est interdit.

Leurs procès-verbaux feront foi en justice jusqu'à preuve contraire.

Les vérificateurs prêteront serment devant le tribunal de leur arrondissement.

ART. 176.

Il sera déposé, dans le bureau des vérificateurs, des étalons qui auront été préalablement vérifiés et estampillés. Article 1er, § 2 de l'arrêté du 15 juin 1826.

Les vérificateurs devront, sur première réquisition, vérifier les poids et mesures qui leur seront présentés, et poinçonner ceux qu'ils auront reconnus et rendus conformes aux étalons. Article 7 de l'arrêté précité.

Il leur sera alloué, pour vérification et poinçonnage, les rétributions fixées par le tarif suivant :

Mesures linéaires :

Décamètre, double et demi-décamètre	0f 25c
Double-mètre	0 15
Mètre et demi-mètre pour étoffes	0 05
Mètre et demi-mètre ployant pour tapisserie	0 10
Demi-mètre brisé à charnières	0 10
Décimètre et double-décimètre	0 05

Mesures pour bois de chauffage :

Stère et double-stère	0 75

Mesures de capacité pour matières sèches :

Hectolitre à pied ou sans pied	0 75
Demi-hectolitre	0 50
Décalitre	0 10
Double-décalitre	0 12
Demi-décalitre	0 07
Litre, double et demi-litre, décilitre, double-décilitre	0 05

Mesures de capacité pour les liquides :

Décalitre, double et demi-décalitre	0 50
Double-litre	0 50
Litre	0 15
Demi-litre, décilitre et double-décilitre	0 10

Pour les mesures à lait, il sera payé moitié seulement des sommes ci-dessus.

Poids en fer :

Poids de 5, de 10 et de 20 kilogrammes.............	0f 25c	Article 8 de l'arrêté du 15 juin 1826.
Kilogramme double et demi-kilogramme..............	0 10	
Double-hectogramme, hectogramme et poids au-dessous.	0 05	

Pour les poids en cuivre, il sera payé moitié en sus des sommes ci-dessus.

Le kilogramme divisé payera, pour l'ensemble des pièces qui le composent, 30 centimes.

Les vérificateurs auront, en outre, droit à la moitié du produit des amendes et confiscations qui seront prononcées par suite des procès-verbaux rédigés par eux.

CHAPITRE VIII.

DE LA PHARMACIE CIVILE.

Art. 177.

Le conseil de santé de la colonie aura, dans ses attributions, l'examen des candidats qui se présenteront pour obtenir, conformément à l'article 31 de l'ordonnance du 7 septembre 1840, une commission de pharmacien civil. Article 1er de l'arrêté du 26 décembre 1842.

Les candidats seront examinés sur les divers points ci-après, savoir : Article 2 de l'arrêté précité.

1° Botanique;
2° Pharmacie générale;
3° Chimie.
4° Matières médicales et manipulation pharmaceutique.

Sur l'avis du conseil de santé et la proposition du chef du service administratif, le Gouverneur délivre, s'il y a lieu, une commission de pharmacien civil, avec autorisation d'ouvrir l'officine. Article 3 de l'arrêté précité.

Le Gouverneur peut toujours, en faisant connaître ses motifs, ordonner la fermeture de l'officine, après délibération en conseil d'administration. Article 4 de l'arrêté précité.

Art. 178.

Deux membres du conseil de santé, assistés du commissaire de police, devront faire au moins quatre visites par an, de toutes les officines existantes dans la colonie; ils pourront, de plus, toujours assistés du commissaire de police, faire telles visites et en aussi grand nombre qu'il le jugera convenable. Article 5 de l'arrêté précité.

Après chaque visite, ils adresseront un rapport détaillé au chef du service administratif, qui le transmettra au Gouverneur.

Les pharmaciens seront tenus de représenter les drogues et compositions existantes dans leurs magasins, officines et laboratoires. Article 6 de l'arrêté précité.

Les drogues et médicaments mal préparés ou détériorés seront saisis et les délinquants traduits devant le tribunal de police correctionnelle pour s'entendre faire l'application, s'il y a lieu, des dispositions de la loi du 27 mars 1851. Article 1er, §3 de l'arrêté du 21 juin 1858.

En cas de récidive, outre la peine prononcée par la loi susénoncée, l'officine sera fermée et le pharmacien ne pourra plus être autorisé à en ouvrir une nouvelle dans la colonie. Article 7 de l'arrêté du 26 décembre 1842.

S'il y a eu vente de médicaments gâtés, les peines édictées par la loi du 27 mars 1851 seront appliquées. Article 1er, § 3 de l'arrêté du 21 juin 1858.

Dans ce cas, les dispositions du paragraphe précédent seront appliquées. Article 8 de l'arrêté du 26 décembre 1842.

ART. 179.

Il est interdit aux pharmaciens de livrer et de débiter des préparations médicales ou drogues composées quelconques, si ce n'est d'après la prescription d'un docteur en médecine ou d'un officier de santé. Article 9 de l'arrêté précité.

Ils devront conserver lesdites prescriptions et seront tenus de les représenter au besoin.

Les prescriptions pharmaceutiques ne pourront être remplies et les médicaments délivrés que par les pharmaciens en personne. Article 10 de l'arrêté précité.

Il est interdit aux pharmaciens d'adjoindre à leurs officines aucun commerce ou débit autre que celui des drogues et préparations médicales. Article 11 de l'arrêté précité.

Toute contravention aux dispositions des trois paragraphes précédents entraînera la fermeture de l'officine pendant trois mois. Article 12 de l'arrêté précité.

ART. 180.

Les substances vénéneuses devront être tenues dans un lieu sûr et séparé dont le pharmacien aura, seul, la clef. Article 13 de l'arrêté précité.

Elles ne pourront être vendues, d'après ordonnance d'un médecin ou d'un officier de santé, qu'à des chefs de famille connus.

Ceux qui voudront acheter lesdites substances devront inscrire sur un registre coté et paraphé par le procureur impérial, que chaque pharmacien devra posséder, leurs nom, qualité et demeure, la quantité de drogues à eux délivrées, ainsi que l'emploi qu'ils se proposent de faire de la substance qu'ils achètent. Article 14 de l'arrêté précité.

Si l'acheteur ne sait pas écrire, le pharmacien inscrira lui-même sur son registre les indications ordonnées par le paragraphe précédent. Article 15 de l'arrêté précité.

Toute infraction aux dispositions du présent article sera punie de la fermeture immédiate de l'officine, et d'un emprisonnement de quinze jours, conformément à l'ordonnance du 26 avril 1845. Article 1er, § 3 de l'arrêté du 21 juin 1858.

ART. 181.

Nul ne pourra exercer la pharmacie, vendre des drogues ou médicaments, s'il ne remplit les conditions prescrites par les articles ci-dessus. Arrêté du 20 avril 1846.

Les contraventions au paragraphe précédent seront punies d'une amende de 10 à 100 francs, et, en cas de récidive, il pourra être ajouté à l'amende un emprisonnement de vingt-quatre heures à quinze jours.

CHAPITRE IX.

DES OBJETS MOBILIERS ACHETÉS OU REÇUS EN GAGE.

ART. 182.

Tout commerçant qui voudra recevoir des objets en nantissement devra, avant le 1er janvier de chaque année, faire, par écrit, une déclaration, *à Saint-Louis*, au chef du service administratif, *à Gorée*, au délégué du chef du service administratif; dans les lieux autres que Saint-Louis et Gorée, au commandant de l'arrondissement. Article 1er de l'arrêté du 28 décembre 1842, et arrêté du 8 mars 1862.

Cette déclaration sera inscrite sur un registre spécial et, pour Saint-Louis et Gorée, avis de l'autorisation sera donné au maire qui dressera un tableau de ceux qui auront été autorisés.

La déclaration et l'autorisation devront être renouvelées chaque année.

Les commerçants autorisés, ainsi qu'il vient d'être dit, devront avoir un registre spécial, coté et paraphé par le président du tribunal de première instance ou le commandant. Article 2 de l'arrêté du 28 décembre 1842, et arrêté du 8 mars 1862.

Ils y inscriront les objets d'argent ou d'or autre que l'or brut qui entre dans le commerce du pays, les hardes, linge, effets d'ameublement, de ménage et les marchandises de toute espèce qu'ils recevront en nantissement, ainsi que les nom, qualité, profession et demeure de tous ceux qui les offriront.

ART. 183.

Il est défendu aux commerçants d'acheter d'un inconnu les objets mentionnés en l'article précédent. Article 3 de l'arrêté précité.

Ils devront, dans tous les cas, porter sur un registre coté et paraphé comme il est dit ci-dessus, sans blanc, rature ni interligne, les objets par eux achetés et les nom, profession et demeure de ceux qui les auront vendus.

Les contraventions au présent article seront punies, conformément à l'ordonnance du 26 avril 1845, d'une amende de 25 fr., et, en cas de récidive, de un à cinq jours de prison, sans préjudice de plus fortes peines, s'il y a lieu. Article 2, § 7 de l'arrêté du 21 juin 1858.

ART. 184.

Le commissaire de police devra, à la fin de chaque mois, viser les registres dont il est parlé ci-dessus et dresser procès-verbal contre ceux dont les registres seraient irrégulièrement tenus. Article 4 de l'arrêté du 28 décembre 1842.

Il aura, en outre, la faculté de faire telles autres visites qu'il jugera convenable.

ART. 185.

Les commerçants qui recevraient en nantissement des objets, sans en avoir obtenu l'autorisation préalable, seront poursuivis devant le tribunal de police correctionnelle et punis des peines portées en l'article 411 du Code pénal. Article 5 de l'arrêté du 28 décembre 1842.

Ceux qui auront été autorisés et qui ne tiendront pas de registres ou dont le registre ne contiendrait pas, de suite, sans aucun blanc, rature ni interligne, les nom, domicile et profession des emprunteurs, la nature, la quantité, la valeur des objets à eux remis en nantissement, seront punis conformément à l'article 411 précité. Article 6 de l'arrêté précité.

Ces peines seront appliquées sans préjudice de plus fortes, s'il y a lieu, contre ceux qui se seraient rendus complices d'un crime ou d'un délit en recélant des objets volés. Article 7 de l'arrêté précité.

ART. 186.

Toute personne non commerçante à laquelle il sera présenté, pour être vendus ou déposés, les objets énumérés ci-dessus, devra en faire, sur-le-champ, la déclaration au procureur impérial, en lui désignant l'individu porteur desdits objets, sous peine, conformément à l'ordonnance du 26 avril 1845, d'une amende de 25 francs, et, en cas de récidive, de un à cinq jours de prison, et même d'être pousuivie comme recéleur, s'il y a lieu. Article 8 de l'arrêté précité. Article 1er, § 7 de l'arrêté du 21 juin 1858.

CHAPITRE X.

DES NOIRS RACHETÉS ET AMENÉS A SAINT-LOUIS, A GORÉE OU DANS LES POSTES.

Art. 187.

Les noirs rachetés et amenés à Saint-Louis ou à Gorée, pour y être libérés, doivent être remis, le jour même de leur arrivée, entre les mains du chef du service judiciaire ou de son délégué. Articles 1ers de l'arrêté du 5 décembre 1857 et de l'arrêté du 11 octobre 1862.

Le chef du service judiciaire exerce les pouvoirs conférés aux anciens conseils de tutelle et à leur président. Article 1er de l'arrêté du 11 octobre 1862.

Art. 188.

Dans les arrondissements autres que celui de Saint-Louis, un procès-verbal relatant les faits et circonstances donnant ouverture à la libération est inscrit sur un registre *ad hoc*. Article 2 de l'arrêté précité.

Ce procès-verbal dressé à Gorée par le délégué du chef du service judiciaire, est remis au commandant qui l'adresse au Gouverneur avec ses observations.

Dans les autres arrondissements il est dressé par le commandant qui le transmet au Gouverneur.

Le chef du service judiciaire délivre le titre constatant la libération. Article 3 de l'arrêté précité.

Dans les cas douteux il en est référé au Gouverneur sur le rapport du chef du service judiciaire et celui du directeur des affaires politiques.

Art. 189.

Si les individus ainsi libérés ont plus de dix-huit ans, ils seront libres de disposer de leur personne. Article 2 de l'arrêté du 5 décembre 1857.

S'ils ont moins de dix-huit ans, le chef du service judiciaire ou son délégué à Gorée les mettra en apprentissage ou en tutelle chez des personnes de son choix, où ils resteront jusqu'à ce qu'ils aient atteints l'âge de dix-huit ans ou jusqu'au jour où ils seront réclamés par leurs parents. Article 3 de l'arrêté précité.

Art. 190.

Le chef du service judiciaire ou son délégué à Gorée est autorisé à laisser, en qualité d'apprentis, entre les mains des Article 1er de l'arrêté du 21 juin 1858, et 4 de l'arrêté du 11 octobre 1862.

ouvriers européens ou indigènes, d'une moralité connue, les jeunes noirs de moins de douze ans qu'ils auront rachetés dans les contrées voisines et à qui ils auront fait donner la liberté.

Le maître ouvrier s'obligera à les loger, nourrir et entretenir pendant le temps de l'apprentissage. Article 2 de l'arrêté du 21 juin 1858.

ART. 191.

A partir du jour où soit le directeur du génie et des ponts-et-chaussées, soit le capitaine de port, soit l'entrepreneur des travaux du Gouvernement, d'office, ou à la demande du maître ouvrier ou du tuteur officiel, aura nommé l'apprenti, ouvrier de 3e classe, celui-ci devra encore trente mois de service à son patron. Article 3 de l'arrêté précité.

A partir de la même date, le quart des salaires acquis par l'ouvrier lui appartient; il le touche directement; mais le maître n'en demeure pas moins obligé de pourvoir, à ses frais, au logement, à la nourriture et à l'entretien du jeune ouvrier. Article 4 de l'arrêté précité.

Celui-ci doit demeurer avec son patron, lui obéir et travailler sous sa direction. Article 5 de l'arrêté précité.

Il ne peut être employé qu'aux travaux de sa profession.

En cas de difficultés, les tribunaux ou le tuteur officiel les tranchent, dans la limite de leurs pouvoirs respectifs.

L'apprenti qui, arrivé à l'âge de dix-huit ans, veut quitter son patron avant de lui avoir fourni les trente mois de service comme ouvrier, doit payer audit patron un dédit de cinq cents francs. Article 6 de l'arrêté précité.

ART. 192.

Le chef du service judiciaire remet immédiatement un certificat de liberté à chacun des étrangers introduits à Saint-Louis. Article 4 de l'arrêté du 5 décembre 1857.

Il inscrit sur un registre *ad hoc*, leur nom, le lieu de leur naissance, les nom de leurs père et mère et, approximativement, leur âge.

Lorsqu'ils ont été placés, les noms des personnes à qui ils sont confiés.

A la diligence du tuteur officiel aura lieu, tous les mois, l'insertion à la *Feuille officielle de la colonie*, des présentations des individus rachetés et libérés qui auront été faites dans le cours du même mois, avec cette indication à côté du nom du libéré : *Mineurs confiés à telle personne*. Article 5 de l'arrêté précité.

Tous les trois mois, le tuteur officiel remettra au Gouverneur un rapport sur tout ce qui aura été accompli, pendant le trimestre, dans l'exercice de sa fonction de tuteur. Article 6 de l'arrêté précité.

A la fin de chaque année et à la suite des mentions des libérations inscrites au registre matricule, il sera dressé un répertoire alphabétique avec renvoi au numéro d'ordre. Article 7 de l'arrêté du 5 décembre 1857.

CHAPITRE XI.

DES ÉCOLES MUSULMANES.

Art. 193.

Nul ne pourra, à l'avenir, tenir une école musulmane, sans être muni d'une autorisation en règle du Gouverneur, autorisation qui pourra être retirée, si le titulaire en devient indigne. Article 1er de l'arrêté du 22 juin 1857.

Tous les marabouts qui désireront tenir une école musulmane devront en adresser la demande au Gouverneur : ils devront : 1° être de Saint-Louis ou l'habiter depuis sept ans, 2° faire preuve du savoir nécessaire devant un jury d'examen, 3° obtenir un certificat de bonne vie et mœurs du maire de la ville. Article 2 de l'arrêté précité.

Une commission, composée du maire, président, du tamsir et d'un habitant musulman instruit, nommé par le Gouverneur, fera subir un examen aux marabouts qui voudront tenir une école. Article 3 de l'arrêté précité.

La commission instituée par le paragraphe précédent, surveillera les écoles musulmanes; les maîtres d'écoles devront lui transmettre, tous les trois mois, les nom et âge de leurs élèves. Article 4 de l'arrêté précité.

Les maîtres d'écoles musulmanes seront obligés de conduire ou d'envoyer tous les jours à la classe du soir (soit celle de l'école laïque, soit celle des frères), tous leurs élèves de douze ans et au-dessus. Article 5 de l'arrêté précité.

Ils s'arrangeront comme il leur conviendra, avec les parents de leurs élèves, pour la rétribution de leurs soins.

Art. 194.

Les contrevenants aux dispositions du présent chapitre seront déférés au tribunal de simple police et punis des peines édictées par l'ordonnance royale du 26 avril 1845. Article 6 de l'arrêté précité.

CHAPITRE XII.

INTERDICTION DE CHASSER.

Art. 195.

La chasse est interdite aux abords des villages de Guet-Ndar et de Ndar-Toute, sur la côte de Barbarie, depuis le cimetière des noirs, au sud, jusqu'à la tour située au nord de ces deux villages, et aux abords de Bouëtville, sur l'île de Sor, dans l'espace compris entre le marigot de Marmial, au nord, celui de Nar, au sud et à l'extrémité de la jetée qui conduit à Leybar.

Articles 1ers des arrêtés des 5 décembre 1857 et 8 décembre 1862.

Art. 196.

Les contraventions à l'article précédent seront déférées au tribunal de simple police et punies d'une amende de 5 à 15 francs inclusivement.

Articles 2 des arrêtés des 5 décembre 1857 et 8 décembre 1862 et ordonnance du 26 avril 1845.

En cas de récidive, l'amende sera de 15 à 50 francs.

La peine d'emprisonnement de un à trois jours pourra, en outre, être prononcée, suivant les circonstances, contre les contrevenants.

CHAPITRE XIII.

DE LA TRANSMISSION DE LA CORRESPONDANCE.

SECTION PREMIÈRE.

De la poste aux lettres.

Art. 197.

Les receveurs de la poste aux lettres de Saint-Louis et de Gorée sont soumis à un cautionnement fixé, pour Saint-Louis, à 600 francs, et à 400 francs pour Gorée.

Article 1er de l'arrêté du 28 février 1862.

Ce cautionnement est réalisé en numéraire, en rentes sur l'État et autres valeurs agréées par l'administration.

Article 2 de l'arrêté précité.

Art. 198.

Les receveurs de la poste aux lettres sont spécialement et exclusivement chargés de l'expédition et de la distribution des lettres.

Articles 1er et 2 de l'arrêté du 27 décembre 1842.

Les capitaines, quel que soit leur point de départ, seront, à leur arrivée, tenus de remettre au bureau de la poste, par la première occasion, les lettres et paquets qu'ils auront à leur bord.

Toutes lettres, quelle qu'en soit la provenance, devront être remises au bureau de la poste du port d'arrivée; tout capitaine, maître ou patron qui distribuerait une ou plusieurs lettres ou imprimés quelconques serait puni d'une amende de 100 francs.

Article 8 de l'arrêté du 10 avril 1854.

Il sera payé aux capitaines des navires faisant la navigation au long cours, chargés du transport des objets de correspondance, 10 centimes par lettre.

Article 5 de l'arrêté du 3 octobre 1853.

Cette taxe sera acquittée par le bureau du port de débarquement.

Elle ne sera pas due pour les lettres provenant des lieux placés dans les limites du grand cabotage de la colonie.

Art. 199.

Les capitaines, maîtres ou patrons seront tenus, avant leur départ d'un port de la colonie, de se présenter au bureau de la poste pour y prendre les lettres et les paquets.

Article 7 de l'arrêté précité et article 3 § 4 de l'arrêté du 30 novembre 1861.

Le permis d'appareiller ne leur sera donné qu'autant qu'ils

justifieront, par un certificat du receveur, qu'ils ont rempli la formalité énoncée au paragraphe précédent.

Art. 200.

Les receveurs de la poste joindront, à chaque envoi de dépêches, un bordereau récapitulatif du nombre de lettres contenues dans l'envoi, en distinguant les différentes taxes, avec mention particulière des lettres affranchies et de celles venant de France ou destinées à y être envoyées. Article 4 de l'arrêté du 27 décembre 1842.

Ils garderont enregistrement de ce bordereau.

A l'arrivée des paquets, ils s'assureront que le nombre de lettres qu'ils contiennent est conforme aux indications du bordereau. Article 5 de l'arrêté précité.

Ils constateront les différences et les signaleront au bureau expéditeur.

Aussitôt le triage fait, ils remettront les lettres et paquets aux distributeurs et vaguemestres des corps militaires.

Ils surveilleront la rentrée des taxes.

A la fin de chaque mois, les recettes et le montant de la taxe des lettres au rebut devront former la somme indiquée par les bordereaux d'envoi.

Art. 201.

La distribution des lettres sera faite, à domicile, dans les trois heures qui suivront l'arrivée du courrier. Article 6 de l'arrêté précité.

Elle pourra aussi avoir lieu au bureau, et les lettres et paquets pourront être remis aux personnes dont le nom sera porté sur l'adresse ou à celles notoirement connues pour les représenter.

La direction de la poste ne sera point responsable des espèces d'or ou d'argent et autres effets précieux qui auraient été insérés dans les dépêches, et qui seraient perdus, à moins de convention expresse et d'un droit de port fixé conformément aux règlements. Article 7 de l'arrêté précité.

Art. 202.

Toutes les lettres qui seraient remises non cachetées, au bureau de la poste, y seront refusées. Article 8 de l'arrêté précité.

Dans les cas où il s'en trouverait de semblables à la levée des boîtes, le receveur y mettra un cachet et écrira, au dos, *trouvée non cachetée à la levée de la boîte du.....*

Les lettres ou paquets qui resteront pendant trois mois dans les bureaux de la poste sans y être réclamés, seront réunis au bureau de Saint-Louis; ceux venant de France y seront renvoyés; ceux de provenance autre que les bureaux de poste de France, resteront déposés un an et un jour aux bureaux de la colonie, pour être ensuite détruits, après avoir été décachetés, en présence du contrôleur colonial, du procureur impérial, et d'un habitant désigné par le Gouverneur.

Articles 1er de l'arrêté du 8 juin 1847 et 9 de l'arrêté du 27 décembre 1842.

Procès-verbal sera dressé du nombre de lettres brûlées et du montant de leur taxe pour servir de décharge, dans leur comptabilité, aux receveurs de la poste.

Les lettres non réclamées, qui seront adressées à des fonctionnaires absents de la colonie, seront immédiatement transmises à ces fonctionnaires sous le couvert du département de la marine et par les soins des receveurs de la poste.

Article 2 de l'arrêté du 8 juin 1847.

Art. 203.

Il sera établi, entre Saint-Louis et les postes du haut du fleuve, Saint-Louis et Gorée, et réciproquement, des communications pour le service de la poste aux lettres.

Article 10 de l'arrêté du 27 décembre 1842 et 1er de l'arrêté du 15 février 1858.

Quiconque expédiera un courrier, en préviendra, à l'avance, l'ordonnateur ou son délégué, ou le commandant du poste qui délivreront un laisser-passer.

Article 13 de l'arrêté du 27 décembre 1842.

Il est défendu aux agents du service des postes, ainsi qu'à toute autre personne, de donner au courrier autre chose à porter que les paquets de lettres.

Article 16 de l'arrêté précité.

Art. 204.

Les lettres et paquets venus par voie de mer ou par courrier de Gorée, seront taxés, suivant leur poids, conformément aux règlements généraux sur la matière.

Article 17 de l'arrêté précité.

Les taxes à percevoir pour les lettres expédiées de Saint-Louis ou de Gorée pour les postes du fleuve Sénégal, et réciproquement, sont :

Article 1er de l'arrêté du 8 décembre 1862.

Pour Mérinaghen, Saldé, Matam, Bakel, Médine et Sénoudébou, par des courriers piétons.

Une lettre simple, dont le poids n'excédera pas 7 gr. 1/2.	0f 50c
Une lettre pesant de 7 gr. 1/2 à 15 gr. inclusivement...	1 00

Et ainsi de suite, en ajoutant de sept grammes et demi en sept grammes et demi, une taxe simple, en sus.

Une lettre transportée par les bâtiments dans les postes du fleuve :

Simple, du poids de 7 gr. 1/2	0f 50c
De 7 gr. 1/2 à 15 gr. inclusivement	1f 00c
De 15 gr. à 100 gr. inclusivement	2 00
Au-dessus de 100 gr. jusqu'à 200 gr. inclusivement	4 00
Et ainsi de suite, en ajoutant de 100 gr. en 100 gr.	2 00

L'affranchissement des lettres expédiées de Saint-Louis ou de Gorée pour Bakel est facultatif; il reste obligatoire pour les lettres à destination des autres postes. Article 2 de l'arrêté du 8 décembre 1862.

L'affranchissement des lettres expédiées de Bakel pour les postes intermédiaires entre cet établissement et Saint-Louis est obligatoire; il est facultatif pour les lettres à destination de Saint-Louis ou de Gorée.

Art. 205.

Les ports de lettres seront payés comptant. Article 18 de l'arrêté du 27 décembre 1842.

Il sera libre à chacun de refuser toutes lettres et paquets au moment où ils lui seront présentés, mais avant de les avoir décachetés; dans ce cas, l'agent de la poste écrira au dos le mot *refusé*.

Les receveurs de la poste taxeront les lettres au départ. Article 19 de l'arrêté précité.

La taxe sera inscrite sur l'adresse en centimes et en francs.

S'il y a affranchissement, les lettres en porteront la mention.

A l'exception de ce qui est dit ci-dessus, pour les postes du haut du fleuve, l'affranchissement sera facultatif.

Les lettres arrivant de France à Saint-Louis à la destination de Gorée et réciproquement ne seront sujettes à aucune taxe pour leur transport de l'une de ces deux villes dans l'autre. Article 21 de l'arrêté du 27 décembre 1842.

Il en sera de même des lettres adressées en France et transportées pour suivre leur destination, soit de Gorée à Saint-Louis, soit de Saint-Louis à Gorée.

Art. 206.

Le Gouverneur jouit de la franchise illimitée pour toutes les lettres et paquets qu'il reçoit de l'intérieur ou de l'extérieur et du contre-seing pour toutes lettres et paquets qu'il envoie à l'intérieur et à l'extérieur. Arrêté du 29 juin 1865

Les chefs d'administration, le commandant supérieur de Gorée et le contrôleur colonial jouissent également de la franchise et du contre-seing illimités pour toutes les lettres qu'ils reçoivent de l'intérieur et qu'ils envoient à l'intérieur.

Le contre-seing du Gouverneur, du commandant supérieur de Gorée, des chefs d'administration et du contrôleur colonial peuvent être remplacés par un timbre auquel on donne le nom de griffe.

Les fonctionnaires désignés ci-après jouiront de la franchise et du contre-seing pour leur correspondance, ainsi qu'il suit :

1° Les juges d'instruction dans leurs rapports avec les juges d'instruction de la colonie;

2° Les procureurs impériaux dans leurs rapports avec les procureurs impériaux de la colonie;

3° Les chefs de corps à l'égard des officiers de leur arme commandant des détachements et réciproquement;

4° Le commandant supérieur de la marine à l'égard des commandants des bâtiments de la station locale et réciproquement;

5° Les directeurs à l'égard des agents de leur service détachés en chef et réciproquement;

6° Le médecin en chef à l'égard de l'officier de santé en chef à Gorée et des officiers de santé détachés dans les postes et réciproquement;

7° Le préfet apostolique à l'égard du curé de Gorée et réciproquement;

8° Les officiers du commissariat chargés des détails administratifs ; revues, armements, inscription maritime, approvisionnements et subsistances et comptabilité centrale des fonds, à l'égard des chefs de corps, des commandants dans les postes, des commandants des bâtiments de la station locale et du chargé du service administratif à Gorée et réciproquement;

9° Le trésorier payeur à l'égard de son préposé à Gorée et réciproquement;

10° Le receveur de l'enregistrement à Saint-Louis à l'égard du receveur de l'enregistrement à Gorée et réciproquement;

11° Le chef du service des douanes à l'égard du chef du bureau de Gorée et réciproquement;

12° Le chef du bureau de l'intérieur à l'égard des maires, des commandants de postes, du jardinier en chef de la Taouey et réciproquement;

13° Les commissaires impériaux près les conseils de guerre dans leurs relations avec ceux de Gorée, les magistrats, la gendarmerie, etc.

Ces fonctionnaires seront tenus de mettre de leur main, sur l'adresse des lettres et paquets qu'ils expédieront, leurs signatures au-dessous de la désignation de leurs fonctions.

Les envois de documents judiciaires s'effectueront en franchise sous le contre-seing de l'un des magistrats désignés ci-dessus.

Article 24 de l'arrêté du 27 décembre 1842.

Art. 207.

Il est défendu de comprendre, dans les dépêches expédiées en franchise, des lettres, paquets ou objets quelconques étrangers au service.

Article 25 de l'arrêté précité.

Dans le cas de suspicion de fraude ou dans celui d'omission d'une des formalités voulues, les receveurs de la poste taxeront les lettres ou paquets en totalité, ou exigeront que le contenu en soit vérifié, en leur présence, par les personnes auxquelles ils sont adressées.

Si, de la vérification, il résulte qu'il y a fraude, ils rédigeront procès-verbal; un double sera envoyé à l'ordonnateur qui le transmettra au Gouverneur.

Les lettres qui auront été introduites frauduleusement dans lesdits paquets seront soumises à la double-taxe, et, si elles sont refusées par les destinataires, elles seront renvoyées au fonctionnaire qui aura donné le contre-seing, lequel sera tenu d'en acquitter le double-port.

Toute personne qui sera convaincue d'avoir soustrait ou intercepté une ou des lettres confiées à la poste sera poursuivie suivant la rigueur des lois.

Article 27 de l'arrêté précité.

Art. 208.

Les contraventions aux dispositions de la présente section seront punies, conformément à l'ordonnance du 26 avril 1845, d'une amende de 25 à 100 francs et d'un emprisonnement de un à quinze jours, ou de l'une de ces peines seulement.

Article 1er, § 2 de l'arrêté du 21 juin 1858.

Art. 209.

Quiconque aura sciemment fait usage d'un timbre-poste ayant servi à l'affranchissement d'une lettre, sera puni d'une amende de 50 à 1,000 francs.

Loi du 16 octobre 1849, promulguée par l'arrêté du 10 octobre 1859.

En cas de récidive, la peine sera d'un emprisonnement de cinq jours à un mois, et l'amende sera doublée.

Sera punie des mêmes peines, suivant les distinctions sus-établies, la vente ou tentative de vente d'un timbre-poste ayant déjà servi.

L'article 463 du Code pénal sera applicable dans les divers cas prévus par le présent article.

SECTION II.

Du service télégraphique.

PARAGRAPHE PREMIER.

Organisation du personnel.

ART. 210.

Le personnel attaché au service télégraphique sera provisoirement composé ainsi qu'il suit : Article 1er de l'arrêté du 28 février 1862.

Un stationnaire à Saint-Louis remplissant les fonctions de directeur de toute la ligne ;

Un surnuméraire à la même station ;

Un stationnaire à Gorée.

Des sous-officiers seront chargés du service télégraphique dans les postes intermédiaires où il sera jugé utile d'établir une correspondance.

ART. 211.

Le service télégraphique dépendra de l'administration de l'ordonnateur faisant fonctions de directeur de l'intérieur. Article 2 de l'arrêté précité.

ART. 212.

Les stationnaires seront tenus d'inscrire sur un journal à souche conforme au modèle suivi par l'administration métropolitaine, tous les versements qui sont effectués entre leurs mains, et ils en délivrent une quittance qu'ils détachent de leur journal. Article 3 de l'arrêté précité.

Ils tiennent en outre un livre-journal de caisse où sont consignés les entrées des espèces et le solde de chaque jour.

ART. 213.

Les stationnaires font mensuellement leurs versements entre les mains du trésorier payeur et produisent, à l'appui, un bordereau de leurs recettes qui est soumis à la vérification du contrôleur et au visa de l'ordonnateur. Article 4 de l'arrêté précité.

ART. 214.

Les stationnaires de Saint-Louis et de Gorée, chargés de la perception des taxes, ne seront astreints à fournir un caution- Article 5 de l'arrêté précité.

nement qu'autant que leurs recettes s'élèveront, en moyenne, à 500 francs par mois.

Le taux des remises qui leur sont attribuées pour frais de perception est fixé à 10 p. 0/0.

Ces remises seront payées sur mandats de l'ordonnateur.

ART. 215.

Le chargé du service de chaque station est muni d'un carnet destiné à l'inscription des recettes et des dépenses du matériel de la station.

Article 6 de l'arrêté du 28 février 1862.

Les pages *recto* de ce carnet reçoivent à leur date :

1° L'inscription des mouvements d'entrée ou de sortie, d'augmentation ou de diminution du matériel de rechange, avec la mention des causes de ces mouvements;

2° La relation sommaire des accidents de toute nature qui auraient affecté le matériel monté ou employé.

Les pages *verso* du carnet sont destinées à l'inventaire mensuel du matériel de rechange.

Le premier jour de chaque mois, il est envoyé un double de ces deux pages à l'ordonnateur.

PARAGRAPHE II.

Transmission des dépêches officielles.

ART. 216.

La franchise télégraphique illimitée appartient au Gouverneur.

Article 7 de l'arrêté précité.

ART. 217.

Les chefs d'administration, les commandants d'arrondissements ou de postes isolés sont seuls autorisés à transmettre gratuitement leurs dépêches, pourvu qu'elles soient exclusivement relatives au service.

Article 8 de l'arrêté précité.

ART. 218.

Tout fonctionnaire non-dénommé à l'article précédent ne peut requérir la transmission gratuite d'une dépêche concernant son service si cette dépêche n'est préalablement revêtue du visa du chef d'administration dont il relève; l'ordre de répondre par le télégraphe équivaut au visa.

Article 9 de l'arrêté précité.

Les chefs de corps et le directeur des affaires politiques font viser leurs dépêches par le Gouverneur.

ART. 219.

L'abus du droit de franchise télégraphique, dans un intérêt privé, donnera lieu à une répétition de taxe conformément aux tarifs en vigueur.

Article 10 de l'arrêté du 28 février 1862.

ART. 220.

Les dépêches officielles ont la priorité sur les dépêches privées.

Article 11 de l'arrêté précité.

Elles sont remises aux destinataires, sous pli cacheté, aussitôt après leur arrivée.

Ce pli cacheté est accompagné d'un reçu sur lequel le facteur doit exiger qu'on inscrive l'heure de la remise, à domicile.

ART. 221.

Les dépêches officielles sont toujours acceptées par le service, quel que soit leur contenu; l'autorité qui les a signées a le droit de les retirer, pourvu qu'elles n'aient pas été transmises.

Article 12 de l'arrêté précité.

Quand elles ont été transmises, le fonctionnaire expéditeur doit faire, s'il en est requis, une nouvelle dépêche pour annuler la première.

ART. 222.

Toute dépêche officielle, arrivant ou partant, reçoit un numéro d'ordre et figure en entier sur un registre établi à cet effet.

Article 13 de l'arrêté précité.

PARAGRAPHE III.

Transmission des dépêches privées.

ART. 223.

Il est permis à toutes personnes, dont l'identité est établie, de correspondre au moyen du télégraphe électrique de l'Etat, par l'entremise des fonctionnaires de l'administration télégraphique ou des agents délégués par elle.

Article 14 de l'arrêté précité.

La transmission de la correspondance télégraphique privée est toujours subordonnée aux besoins du service télégraphique de l'Etat.

ART. 224.

Les dépêches écrites en langage ordinaire et intelligible, datées et signées des personnes qui les envoient, sont remises par elles ou par leurs mandataires au stationnaire chargé du service télégraphique.

Article 15 de l'arrêté précité.

Elles sont immédiatement numérotées et sont rappelées sur le registre à souche par leur numéro, leur premier et leur dernier mot, sans y être transcrites en entier. Ce registre est signé par l'expéditeur ou son mandataire.

La minute de chaque dépêche est conservée et transcrite en entier, dans les vingt-quatre heures qui suivent sa transmission, sur un registre à ce destiné.

Art. 225.

Les dépêches sont transmises, selon l'ordre d'inscription, pour chaque destination. L'ordre des transmissions entre les diverses destinations est réglé de manière à les servir utilement et également.

Article 16 de l'arrêté du 28 février 1862.

Toutefois, la transmission des dépêches dont le texte dépasserait cent mots peut être retardée pour céder la priorité à des dépêches plus brèves, quoique inscrites postérieurement.

Art. 226.

L'agent chargé du service télégraphique peut, dans l'intérêt de l'ordre public et des mœurs, refuser de transmettre les dépêches. En cas de réclamation, il en est référé, à Saint-Louis, à l'ordonnateur faisant fonctions de directeur de l'intérieur; à Gorée, au chef du service administratif; dans les postes, aux commandants.

Article 17 de l'arrêté précité.

Si, à l'arrivée au lieu de destination, le chargé du service estime que la communication d'une dépêche peut compromettre la tranquillité publique, il en réfère au Gouverneur ou au commandant de l'arrondissement qui retarde ou interdit la remise de la dépêche; si ce droit a été exercé par un commandant d'arrondissement, il en informe le Gouverneur.

Art. 227.

La correspondance télégraphique privée peut être suspendue par le Gouverneur.

Article 18 de l'arrêté précité.

Art. 228.

Tout fonctionnaire public qui viole le secret de la correspondance télégraphique est poursuivi conformément aux lois.

Article 19 de l'arrêté précité.

Art. 229.

L'Etat n'est soumis à aucune responsabilité à raison du service de la correspondance privée par la voie télégraphique.

Article 20 de l'arrêté précité.

Art. 230.

Les dépêches télégraphiques privées sont soumises à la taxe suivante, qui est perçue au départ : Article 21 de l'arrêté du 28 février 1862.

Pour une dépêche de *un* à *vingt* mots, il est perçu un droit fixe et uniforme de *deux francs* pour toutes les stations télégraphiques établies dans la colonie. Au-dessus de *vingt* mots, la taxe précédente est augmentée d'un *quart* pour chaque série de *cinq* mots ou fraction de série excédante. Sont comptées, dans l'évaluation des mots, l'adresse et la signature. Le lieu de départ et la date sont transmis d'office.

Art. 231.

Tout nombre, jusqu'au maximum de cinq chiffres, est compté pour un mot. Les nombres de plus de cinq chiffres représentent autant de mots qu'ils contiennent de fois cinq chiffres, plus un mot pour l'excédant. Les virgules et les barres de division sont comptées pour un chiffre. Article 22 de l'arrêté précité.

Art. 232.

En payant double-taxe, les particuliers ont la faculté de recommander leurs dépêches. Toute dépêche recommandée est vérifiée par une répétition de la dépêche faite par le chargé du service destinataire. Article 23 de l'arrêté précité.

Art. 233.

Quand une dépêche est adressée à plusieurs destinataires, dans la même ville, la taxe est augmentée pour frais de copies d'autant de fois cinquante centimes qu'il y a de destinataires, moins un. Article 24 de l'arrêté précité.

L'expéditeur ou le destinataire qui veut obtenir copie d'une dépêche par lui envoyée ou reçue, paye la taxe de copie fixée par le paragraphe précédent.

Art. 234.

Le port des dépêches, à domicile ou au bureau de la poste dans le lieu d'arrivée, est gratuit. Néanmoins, lorsqu'un expéditeur demande qu'il soit délivré une copie de sa dépêche à plusieurs domiciles, dans un même lieu de station, il paye cinquante centimes de port pour chaque copie, moins une, indépendamment du droit de copie établi par l'article 24 du présent arrêté. Article 25 de l'arrêté précité.

CHAPITRE XIV.

DES PASSEPORTS.

ART. 235.

Nul, s'il est étranger au service du Gouvernement, ne pourra sortir du Sénégal ou de Gorée sans être pourvu d'un passeport délivré, pour la France, les colonies françaises et l'étranger, à Saint-Louis, par le Gouverneur, à Gorée, par le commandant supérieur. Article 8 de l'arrêté du 27 décembre 1842.

Si le voyage a pour but seulement Gorée ou Saint-Louis, le passeport est délivré par le maire. Article 9 de l'arrêté du 21 juin 1858.

Le prix d'un passeport pour la France, les colonies françaises et l'étranger, est de 3 francs; cette somme est versée au trésor. Article 1er de l'arrêté du 30 juin 1853.

La durée de ce passeport est fixée à une année.

Si le voyage a pour but Gorée ou Saint-Louis, le passeport est délivré par le maire, le prix de ce passeport, qui ne dure qu'un voyage, est de 50 centimes. Article 1er de l'arrêté du 20 octobre 1857.

Tous les membres d'une famille peuvent être compris sur un seul passeport. Article 3 de l'arrêté précité.

Les passeports sont délivrés *gratis* aux indigents. Article 2 de l'arrêté précité.

Les maires, pour les passeports qu'ils délivrent, en perçoivent la taxe; ils dressent, à la fin de chaque mois, un état des sommes qu'ils ont reçues à ce titre. Ils présentent cet état à la vérification du contrôleur et au visa de l'ordonnateur et en versent ensuite le montant au trésor. Article 5 de l'arrêté précité.

ART. 236.

Toute personne qui voudra prendre un passeport pour la France ou pour l'étranger, l'obtiendra, en faisant constater son identité par deux témoins, savoir : *à Saint-Louis*, devant le chef du service administratif; *à Gorée*, devant le délégué du chef du service administratif; *à Sedhiou*, devant le commandant de l'arrondissement, *à Carabane*, devant le commandant du poste. Article 2 de l'arrêté du 20 janvier 1862.

Tout passeport dont il n'aura pas été fait usage dans les trois mois qui suivront le jour de sa date sera réputé nul et non avenu, et devra, pour être renouvelé, être précédé de l'accomplissement des formalités ci-dessus indiquées. Article 11 de l'arrêté du 27 décembre 1842.

ART. 237.

Les contrevenants aux dispositions qui précèdent seront traduits devant le tribunal de simple police et punis, conformément à l'ordonnance du 26 avril 1845, de un à cinq jours de prison et de 1 à 50 francs d'amende, ou de l'une de ces deux peines seulement.

Article 1er, § 6 de l'arrêté du 21 juin 1858.

ART. 238.

Ceux qui voyagent à l'intérieur ne sont plus tenus de se munir d'un passeport.

Article 2 de l'arrêté du 30 novembre 1864.

Les patrons, à leur arrivée à Saint-Louis, n'auront plus à se présenter à la direction des affaires politiques.

Cependant, s'ils sont mandés, ils doivent obtempérer, sans retard, sous peine d'une amende de 25 à 100 francs.

CHAPITRE XV.

DE LA VOIRIE.

Art. 239.

Quiconque voudra bâtir, réédifier ou réparer des maisons, murs d'enceinte, faire toute espèce d'ouvertures ou de constructions donnant sur la voie publique, sera tenu d'en demander, d'avance, l'autorisation au directeur des ponts-et-chaussées, qui fixera l'alignement, en se conformant au plan.

Articles 10 et 11 de l'arrêté du 27 décembre 1842, 15 de l'arrêté du 5 mai 1843, 1er de l'arrêté du 1er juillet 1862 *sur la voirie à Dakar*, et 6 de l'arrêté du 9 septembre 1862 *sur la voirie à Rufisque*.

Art. 240.

Nul ne pourra établir devant sa maison ou son mur des trottoirs, marches, exhaussements du sol, des balcons, auvents, enseignes ou toute autre saillie, sans en avoir obtenu l'autorisation du directeur des ponts-et-chaussées.

Articles 12 de l'arrêté du 27 décembre 1842, 17 de l'arrêté du 5 mai 1843, 3 de l'arrêté du 1er juillet 1862 et 9 de l'arrêté du 9 septembre 1862.

Art. 241.

Le directeur des ponts-et-chaussées délivrera à ceux qui lui auront adressé des demandes, un certificat constatant l'alignement et l'autorisation qu'il aura donnés.

Il en gardera enregistrement.

Articles 13 de l'arrêté du 27 décembre 1842, 18 de l'arrêté du 5 mai 1843, 3 de l'arrêté du 1er juillet 1862 et 9 de l'arrêté du 9 septembre 1862.

S'il y a contestation entre le directeur des ponts-et-chaussées et un habitant, relativement à l'alignement donné ou à un refus d'autorisation, elle sera portée devant le Gouverneur, en conseil d'administration.

Si celui qui élève la contestation, soit sur l'alignement, soit sur tout autre objet pour lequel autorisation lui aurait été refusée, bâtit ou fait un ouvrage quelconque, avant la décision du *Conseil*, sans se conformer à l'alignement donné ou malgré le refus à lui notifié par écrit, il sera immédiatement dressé procès-verbal contre lui.

Articles 14 de l'arrêté du 27 décembre 1842, 19 de l'arrêté du 5 mai 1843, 3 de l'arrêté du 1er juillet 1862 et 9 de l'arrêté du 9 septembre 1862.

Art. 242.

Si une construction met en danger la voie publique ou les constructions voisines, le directeur des ponts-et-chaussées ou un agent sous ses ordres dressera un procès-verbal dans lequel seront énoncées les causes qui nécessitent la démolition.

Ce procès-verbal sera transmis au procureur impérial qui ordonnera que copie en soit signifiée au propriétaire avec assignation à comparaître, à bref délai, devant le tribunal civil.

Articles 15 de l'arrêté du 27 décembre 1842, 20 de l'arrêté du 5 mai 1843, 3 de l'arrêté du 1er juillet 1862 et 9 de l'arrêté du 9 septembre 1862.

Le tribunal nommera un expert qui, avec celui désigné par le propriétaire, visitera les lieux : il devra prononcer son jugement dans la huitaine de la signification, sauf appel.

S'il y a appel, il sera procédé au jugement dans la huitaine de l'acte d'appel.

S'il y a péril imminent, le Gouverneur pourra ordonner la démolition immédiate.

§§ 1ers de l'article 16 de l'arrêté du 27 décembre 1842, de l'article 21 de l'arrêté du 5 mai 1843, articles 3 de l'arrêté du 1er juillet 1862 et 9 de l'arrêté du 9 septembre 1862.

Art. 243.

Toute construction qui empiète sur l'alignement, celle qui, ne se trouvant pas dans l'alignement, doit avancer sur la voie publique, ne pourra être ni réparée ni consolidée par des travaux, soit intérieurs, soit extérieurs, qu'avec l'autorisation du directeur des ponts-et-chaussées, approuvée par le Gouverneur.

Articles 17 de l'arrêté du 27 décembre 1842, 22 de l'arrêté du 5 mai 1843, 1ers des arrêtés des 20 septembre 1852 et 21 juin 1858, 3 de l'arrêté du 1er juillet 1862 et 9 de l'arrêté du 9 septembre 1862.

Le crépissage de l'extérieur des murs est considéré comme travail de consolidation.

Aucun édifice ne pourra être élevé sur les murs et constructions sujets à reculement ou à avancement à moins d'autorisation du Gouverneur, après avis motivé du directeur des ponts-et-chaussées.

La construction sujette à reculement ou à avancement demeurera en cet état jusqu'à ce que, par sa vétusté, il soit nécessaire de la faire démolir.

§§ 1ers de l'article 18 de l'arrêté du 27 décembre 1842 et de l'article 23 de l'arrêté du 5 mai 1843; articles 1er de l'arrêté du 21 juin 1858, 3 de l'arrêté du 1er juillet 1862 et 9 de l'arrêté du 9 septembre 1862.

Art. 244.

Dans les cas prévus aux articles 242 et 243, si le propriétaire fait la démolition à ses frais, les matériaux lui appartiendront; il recevra, de plus, une indemnité, mais seulement pour le terrain dont il sera privé.

Si la démolition se fait par les soins du directeur des ponts-et-chaussées, le propriétaire n'aura droit qu'à l'indemnité à raison de la perte du terrain.

§§ 2 de l'article 16, 2 et 3 de l'article 18 de l'arrêté du 27 décembre 1842, 2 de l'article 21 et 3 de l'article 23 de l'arrêté du 5 mai 1843, articles 3 de l'arrêté du 1er juillet 1862 et 9 de l'arrêté du 9 septembre 1862.

Dans le cas où, par suite de l'alignement, un propriétaire obtiendrait la faculté d'avancer sur la voie publique, il sera tenu de payer la valeur du terrain qui lui sera cédé.

Arrêté du 28 janvier 1850.

La fixation de cette valeur sera faite par experts ou, si les parties y consentent, par le directeur des ponts-et-chaussées.

ART. 245.

Aucunes cases en paille ou tapades nouvelles ne pourront, désormais, être élevées dans les villes de Saint-Louis et de Gorée.

Articles 2 des arrêtés des 27 décembre 1842 et 5 mai 1843.

A l'avenir, il ne pourra y avoir que des constructions en maçonnerie dans toute la zone centrale de la ville Saint-Louis comprise entre les rues *Saint-Jean*, au nord, et *Ribet*, au sud.

Arrêté du 16 février 1861.

ART. 246.

Tout habitant qui voudra faire réparer des cases en paille ou des tapades ou reconstruire celles qui existent déjà devra en demander préalablement l'autorisation au directeur des ponts-et-chaussées qui ne permettra la réédification ou la réparation que des cases en paille, à base rectangulaire, connues, dans le pays, sous le nom de carré.

Articles 3 des arrêtés des 27 décembre 1842 et 5 mai 1843.

Toutes celles d'une autre forme, actuellement existantes, seront immédiatement démolies.

Article 2, § 2 de l'arrêté du 27 décembre 1842.

ART. 247.

Aucune case ne pourra avoir plus de cinq mètres de hauteur totale, ni être placée à une distance moindre de deux mètres de toute case en paille, de toute tapade ou de toute maison en maçonnerie.

Articles 3 des arrêtés des 27 décembre 1842 et 5 mai 1843.

Néanmoins, il n'est pas interdit d'adosser des cases à un mur d'enceinte isolé.

La démolition des cases qu'il y aurait lieu de détruire pourra être provoquée par toute personne intéressée, sans préjudice de l'action des agents de la direction des ponts-et-chaussées et du commissaire de police.

Article 3, § dernier de l'arrêté du 27 décembre 1842.

ART. 248.

Les contraventions aux articles 239, 240, 241, 243, 245, 246, 247 ci-dessus seront déférées au tribunal de simple police qui, outre une amende de 50 à 100 francs, et, en cas de récidive, un emprisonnement de 10 à 15 jours (1), lesquelles peines seront prononcées en vertu de l'ordonnance du 26 avril 1845, ordonnera, s'il y a lieu, la destruction immédiate des ouvrages commencés ou achevés sans les autorisations voulues et que les lieux soient remis en leur état primitif, par le propriétaire ou à ses frais.

Articles 1er de l'arrêté du 28 février, 3 de l'arrêté du 1er juillet, et 9 de l'arrêté du 9 septembre 1862.

---

(1) Pour Rufisque, la peine de l'emprisonnement est de un à quinze jours, en vertu de l'arrêté du 9 septembre 1862.

ART. 249.

Les personnes établies ou qui s'établiront ultérieurement à Gandiole, sur le bord du fleuve, se conformeront aux alignements et délimitations portés sur le plan approuvé en conseil d'administration, et qui seront indiqués, à chacun d'eux, par la direction des ponts-et-chaussées. Arrêté du 21 mars 1859.

ART. 250.

Les maisons en briques sont numérotées sur des planchettes peintes à l'huile. Article 2 de l'arrêté du 3 juin 1841.

Ces planchettes sont placées au-dessus de la porte d'entrée; l'entretien de ces planchettes sera à la charge des propriétaires qui seront tenus de veiller à leur conservation et à ce que le numéro indicatif paraisse toujours nettement. Articles 2, 3 et 5 de l'arrêté du 26 octobre 1849.

Les propriétaires devront faire restaurer ou remplacer, dans un délai de huit jours, les planchettes disparues ou dont le numéro serait altéré; faute de quoi il y sera pourvu, à leurs frais, par la direction des ponts-et-chaussées, d'après le tarif suivant :

Pour le remplacement des clous servant à fixer la planchette..	0f 20c
Pour application, en noir, du numéro indicatif quel que soit le nombre des chiffres..	0 15
Pour peinture à l'huile de la planchette, avec inscription du numéro..	0 40
Pour remplacement de la planchette, avec numéro.........	1 00

Le recouvrement des frais de remplacement ou de réparation des planchettes se poursuivra, comme en matière d'impôt, sur état dressé par la direction des ponts-et-chaussées et rendu exécutoire en la forme ordinaire.

ART. 251.

Le *minimum* de la largeur des jantes des roues des charrettes, chariots et voitures employés aux transports, à Saint-Louis, est fixée à 10 centimètres. Article 1er de l'arrêté du 14 mai 1858.

Les contrevenants aux dispositions du présent article seront punis d'une amende de 50 francs.

ART. 252.

Il est interdit de prendre du sable sur la côte de Barbarie, depuis le cimetière des noirs, au sud, jusqu'à la butte du polygone, au nord, à peine d'une amende de 15 à 50 francs, laquelle sera toujours portée au double, en cas de récidive. Article 1er de l'arrêté du 12 juillet 1849.

Les contraventions seront constatées par les gendarmes, les préposés de la douane, le chef de Guet-Ndar et, en général, par tous les agents et préposés des ponts-et-chaussées et de la police.

Article 2 de l'arrêté du 12 juillet 1849.

La moitié des amendes prononcées et recouvrées, en vertu du présent article, est attribuée aux agents ou préposés qui auront constaté les contraventions ; le payement leur en sera fait sur l'ordre du chef du service administratif, appuyé de l'extrait du procès-verbal et du jugement de condamnation délivrés, à cet effet, par le greffier.

Article 3 de l'arrêté précité.

ART. 253.

L'usage de la voie publique, pour l'écoulement des eaux pluviales, ne sera toléré qu'aux conditions suivantes :

Article 2 de l'arrêté du 9 mai 1851.

Il sera établi à chaque pertuis pratiqué dans les murs d'argamasse, un tuyau de descente en bois ou en métal de dix à douze centimètres de diamètre, fixé au mur par des colliers en fer espacés de mètre en mètre.

Les tuyaux de descente seront encastrés dans les murs, de moitié de leur épaisseur et descendront jusqu'à une distance de dix centimètres du sol où ils seront recourbés horizontalement de manière à rejeter les eaux parallèlement au sol de la voie publique.

Ces tuyaux pourront être terminés, dans le haut, par une cuvette de vingt à vingt-cinq centimètres de diamètre, au plus.

La côte du sol des rues devant varier, la hauteur à laquelle devra être placé l'orifice inférieur des tuyaux de descente sera, pour chacun d'eux, déterminée par la direction des ponts-et-chaussées.

Les contrevenants aux dispositions du présent article seront passibles d'une amende de 1 franc, par chaque contravention, le nombre des contraventions étant déterminé, pour chaque propriétaire, par le nombre des gouttières non supprimées.

Article 3 de l'arrêté précité.

La même amende, déterminée de la même manière, sera appliquée, sur procès-verbal, à tout propriétaire qui, à l'avenir, établirait, sur la voie publique, des gouttières nouvelles.

TITRE II.

DE LA POLICE MUNICIPALE.

CHAPITRE PREMIER.

DE LA SALUBRITÉ PUBLIQUE.

SECTION PREMIÈRE.

Saint-Louis.

Art. 254.

Tous les jours, avant huit heures du matin, chaque propriétaire ou locataire à Saint-Louis, à Guet-Ndar, à Ndar-Toute et à Bouëtville, est tenu de faire balayer jusqu'à la moitié de la rue ou des rues que joint la maison ou le terrain qui lui appartient ou qu'il occupe. Article 1er de l'arrêté du 20 décembre 1862.

Il doit également, tous les jours, et avant huit heures du matin, faire nettoyer les cours et terrains intérieurs et les débarrasser des eaux pluviales.

Le propriétaire ou le locataire dont le terrain touche à la rivière devra, chaque jour, dans les limites de son terrain, faire pousser au large toutes les immondices qui y auraient été déposées.

Art. 255.

Les contrevenants à l'article qui précède sont punis d'une amende de 1 à 5 francs, et, en cas de récidive, de la même amende et de 1 à 3 jours de prison, ou de l'une de ces peines seulement. Article 2 de l'arrêté précité.

Art. 256.

Ceux qui, à Saint-Louis, dans les cours, les rues, sur les argamasses, les cases, les murs et tapades, font sécher des peaux et des poissons; Article 3 de l'arrêté précité.

Ceux qui abattent des animaux en dehors des lieux désignés par l'administration;

Ceux qui, sur leur terrain, dans les cours, les rues et sur les places, répandent des ordures ou versent des eaux de ménage,

sont punis d'une amende de 1 à 15 francs, et, en cas de récidive, de la même amende et d'un emprisonnement de 1 à 5 jours, ou de l'une de ces peines seulement.

ART. 257.

Seront punis d'une amende depuis 5 jusqu'à 15 francs, et d'un emprisonnement de 1 à 5 jours, ou de l'une de ces deux peines seulement : Article 1er de l'arrêté du 13 juin 1864.

1° Ceux qui, à Saint-Louis, à Guet-Ndar et à Ndar-Toute, feront des ordures sur la voie publique ou sur le bord du fleuve;

2° Ceux qui, dans les mêmes lieux, soit en se baignant, soit en faisant leurs ablutions, laisseront voir des nudités de nature à blesser la décence.

En cas de récidive, l'amende pourra être élevée jusqu'à 25 francs et la peine de l'emprisonnement jusqu'à 15 jours, sans préjudice de peines plus graves si le fait constitue le délit d'outrage public à la pudeur.

ART. 258.

Les agents de l'autorité sont autorisés : Article 2 de l'arrêté précité.

1° A briser et jeter au fleuve tout vase ayant servi à faire des ordures dans les rues ou sur les quais;

2° A arrêter et déposer au violon tout individu étranger, inconnu ou insolvable surpris en flagrante contravention;

3° S'il s'agit d'un fait plus grave, celui de laisser voir des nudités de nature à blesser la décence, lesdits agents devront toujours s'assurer de la personne des contrevenants et les conduire devant le procureur impérial qui statuera suivant la gravité des cas.

ART. 259.

Il est défendu d'établir des porcheries sur l'île Saint-Louis. Article 7 de l'arrêté du 30 novembre 1864.

Néanmoins, il est permis aux habitants d'élever, par maison, un ou deux porcs pour leur usage.

Les contraventions au présent article sont punies d'une amende de 25 à 100 francs.

ART. 260.

Le commissaire de police devra faire, tous les jours, une visite générale de l'île; il en rendra compte verbalement au Gouverneur. Article 5 de l'arrêté du 9 août 1842.

Il dressera procès-verbal contre les contrevenants.

Le maire fera, deux fois par semaine, au moins, une visite des différentes parties de l'île. Article 6 de l'arrêté du 9 août 1842.

Il adressera au Gouverneur un rapport détaillé et par écrit.

Le maire et le commissaire de police devront s'assurer que les terrains entourés de murs ou de tapades et l'intervalle entre les cases sont exactement nettoyés. Article 7 de l'arrêté précité.

SECTION II.

Gorée.

Art. 261.

Tous les jours, avant huit heures du matin, chaque propriétaire ou locataire sera tenu de faire balayer, jusqu'à la moitié de leur largeur, la rue ou les rues attenantes à la maison ou au terrain qu'il occupe. Article 1er de l'arrêté du 7 septembre 1859.

Cette obligation sera rappelée, chaque matin, par le son d'une cloche.

Le propriétaire ou locataire devra également faire nettoyer les cours et terrains et les disposer de manière que l'eau des pluies n'y séjourne pas.

Les immondices, eaux corrompues et ordures de toutes sortes, provenant des maisons et des cases, devront être portées à la mer et ne jamais être répandues dans les rues, ni sur les roches du rivage.

Le transport de ces matières devra s'opérer avant huit heures du matin ou après six heures du soir : les eaux de ménage seules pourront être jetées à la mer, à toute heure.

Le propriétaire ou le locataire dont le terrain touche à la mer devra, chaque jour et dans les limites de son terrain, faire pousser au large toutes les immondices qui y auraient été déposées.

Il est défendu de rien jeter dans l'espace compris entre l'hôpital militaire et l'hôtel du Gouvernement.

La propreté des places, marchés et établissements publics continuera à être faite, sous la surveillance de la police, par les condamnés à l'emprisonnement.

Art. 262.

Il est défendu d'introduire dans l'île de Gorée des peaux fraîches ; celles provenant des bœufs et autres animaux abattus dans l'île seront étendues dans le voisinage du nouvel abattoir. Article 2 de l'arrêté précité.

Les peaux sèches, n'exhalant aucune mauvaise odeur, ne pourront plus être étendues que sur les emplacements désignés ci-après :

1° Sur la plage située en avant de la batterie de la pointe du nord ;

2° Sur le terrain compris entre la direction du génie et l'ancien abattoir ;

3° Enfin, sur l'emplacement attenant au mur de soutènement de la rampe du Castel et les glacis de la contre-garde.

ART. 263.

Article 3 de l'arrêté du 7 septembre 1859.

Le battage des peaux ne pourra avoir lieu que sur les points désignés à l'article précédent, ou dans l'intérieur même de la maison ou du magasin de leurs propriétaires.

Le jour de leur embarquement, le battage sera autorisé près du débarcadère, en avant de l'appontement.

Il est interdit de faire sécher le poisson frais dans les cours et dans les rues ; son exposition au soleil sera tolérée sur les argamasses des maisons élevées d'un étage.

Elle est autorisée sur les rochers au sud de l'île et au delà du parc aux cochons.

ART. 264.

Article 4 de l'arrêté précité.

Les contraventions aux dispositions des trois articles qui précèdent seront punies, conformément à l'ordonnance du 26 avril 1845, d'une amende de 1 franc, et, en cas de récidive, de un à trois jours de prison.

ART. 265.

Article 5 de l'arrêté précité.

Nul ne pourra abattre des bestiaux, de quelque espèce que ce soit, ailleurs que dans le nouvel abattoir construit dans le sud de l'île ; toutefois, les personnes qui élèvent des porcs, des chèvres ou des moutons auront la faculté de les abattre dans l'intérieur de leurs cours, à la charge, par elles, d'y maintenir la plus grande propreté, et d'avertir le commissaire de police qui sera tenu de constater la qualité de la viande.

ART. 266.

Article 6 de l'arrêté précité.

Les personnes qui tueront ou feront tuer des bestiaux et autres animaux dans le nouvel abattoir seront tenues de faire jeter à la mer toutes les immondices qui proviendront de l'abattage, et d'entretenir la propreté du sol.

Il sera perçu, pour chaque animal abattu, un droit fixé comme suit : — Article 7 de l'arrêté du 7 septembre 1859.

Pour un bœuf, une vache, un taureau 1f 00c
Pour une chèvre, un mouton ou un porc 0 50

Un gardien sera affecté au service de l'abattoir; il en fera laver et nettoyer l'intérieur et les abords; il sera chargé de la perception du droit d'abattage dont le versement sera fait, chaque mois, au trésor. — Article 8 de l'arrêté précité.

Les contrevenants seront punis des peines et amendes édictées par l'article 264 ci-dessus. — Article 9 de l'arrêté précité.

Art. 267.

Il est défendu d'élever et de nourrir des porcs dans l'intérieur des cours et des terrains vides; ces animaux seront parqués dans le lieu spécial disposé à cet effet dans le sud de l'île. — Article 10 de l'arrêté précité.

Il sera perçu un droit fixe de 25 centimes par mois pour chaque porc ayant quitté sa mère.

Ce droit sera versé aux mains du gardien de l'abattoir chargé spécialement de la surveillance du parc.

Art. 268.

Le commissaire de police devra faire, tous les jours, une visite générale de l'île; il en rendra compte au commandant. — Article 13 de l'arrêté précité.

Il portera à la connaissance du chargé du service administratif et du procureur impérial les faits qui mériteront de leur être signalés plus particulièrement.

Il dressera procès-verbal contre les contrevenants; il surveillera les actes du gardien de l'abattoir et du parc aux cochons, et tiendra un compte exact des animaux arrêtés et mis en fourrière.

Le maire fera, deux fois par semaine, au moins, une visite des différentes parties de l'île, et adressera au commandant un rapport détaillé et par écrit. — Article 14 de l'arrêté précité.

Il aura également le droit de dresser des procès-verbaux contre les contrevenants.

CHAPITRE II.

TRANQUILLITÉ ET SÉCURITÉ DES CENTRES HABITÉS.

ART. 269.

Dans les villes de Saint-Louis et de Gorée, il est expressément défendu aux négociants, marchands et autres habitants d'avoir, chez eux, plus de douze kilogrammes de poudre, sous peine de confiscation de ladite poudre et de l'amende dont il sera parlé ci-après.

Article 2 de l'arrêté du 26 décembre 1842.

ART. 270.

Après huit heures du soir, il est défendu aux griots de battre le tamtam.

Article 4 de l'arrêté précité.

Il est défendu de s'attrouper après huit heures du soir, de battre des mains, de parcourir les rues en chantant, de faire aucun rassemblement, sous quelque prétexte que ce soit.

Il est défendu aux aveugles de proférer des cris dans l'intérieur des maisons, dans les cours et dans les rues.

Article 7 de l'arrêté précité.

Il est défendu de faire galoper les chevaux dans les rues.

Article 3 de l'arrêté du 27 mars 1849.

Il est défendu d'embarrasser les quais et les rues, d'y construire ou réparer des navires ou embarcations, d'y déposer des marchandises, des matériaux, des décombres, des immondices ou objets quelconques, d'y placer aucun poteau, d'y établir aucun atelier, même temporaire, sans l'autorisation du directeur des ponts-et-chaussées.

Article 19 de l'arrêté du 27 décembre 1842 *sur la voirie*.

ART. 271.

Il est défendu de fendre du bois dans les rues, d'y piler du mil, d'y placer aucun piquet, de dégrader les quais et les rues, d'y faire aucune excavation, d'abaisser ou d'exhausser le sol.

Article 20 de l'arrêté précité.

Tout ce qui tend à empêcher le passage ou à en diminuer la sûreté ou la liberté, soit dans les rues, soit sur le fleuve, est une contravention.

Il est défendu de placer sur le haut des murs et sur la partie supérieure des maisons donnant sur la rue, des objets qui pourraient, par leur chûte ou par des écoulements, nuire à la sécurité du passage.

ART. 272.

A Gorée, il est défendu, sous peine d'une amende de 1 franc, et, en cas de récidive, de 1 à 3 jours de prison, de battre des pagnes avant sept heures du matin.

§ 2 des articles 3 et 4 de l'arrêté du 7 septembre 1859.

ART. 273.

Les contraventions aux articles 269 et 270 seront punies, selon les cas, de 1 à 5 francs d'amende, et, en cas de récidive, de 1 à 3 jours de prison, conformément à l'ordonnance du 26 avril 1845.

Article 1er, § 9 de l'arrêté du 21 juin 1858.

Les contraventions aux dispositions du dernier paragraphe de l'article 270 et de l'article 271 seront punies d'une amende de 1 à 15 francs, et, en cas de récidive, d'un emprisonnement de 1 à 5 jours.

Article 1er, § 1er de l'arrêté du 21 juin 1858.

ART. 274.

Il est strictement interdit à tout individu habitant dans la partie de la ville de Saint-Louis, où il n'est pas permis de construire des cases en paille, de piler du mil depuis neuf heures du soir jusqu'à trois heures du matin.

Article 1er de l'arrêté du 21 décembre 1853, et 6 de l'arrêté du 30 novembre 1864.

Quiconque aura contrevenu au paragraphe précédent, sera passible d'une amende de 5 francs.

Article 2 de l'arrêté du 21 décembre 1853.

En cas de récidive, la pénalité sera élevée au double; elle entraînera la confiscation des instruments ayant servi à piler le mil.

Article 3 de l'arrêté précité.

Les propriétaires ou principaux locataires seront responsables des condamnations encourues pour le fait sus-énoncé.

Article 4 de l'arrêté précité.

Tout agent de police, préposé des douanes, militaire de la garnison en service, est apte à dresser procès-verbal des contraventions au présent article.

Article 5 de l'arrêté précité.

En cas de condamnation, les agents préposés ou militaires qui auront établi les contraventions auront droit à la moitié des amendes prononcées.

Article 6 de l'arrêté précité.

ART. 275

A Gorée, il est expressément défendu de piler du riz, mil ou toute autre substance, dans les maisons, cours, dépendances, etc, depuis dix heures du soir jusqu'à quatre heures du matin.

Arrêté du 15 septembre 1856.

Les contrevenants aux dispositions qui précèdent seront punis de 1 à 5 francs d'amende.

ART. 276.

Les bœufs, vaches, moutons et autres animaux de cette espèce, à Saint-Louis, ne sortiront jamais sans être accompagnés de gardiens, et défense est faite de les conduire paccager, à la pointe du nord.

Article 1er de l'arrêté du 29 juillet 1851.

Les contrevenants à la disposition qui précède sont passibles de la peine portée en l'article 475 du Code pénal.

Article 2 de l'arrêté précité.

Ceux qui, dans la ville de Saint-Louis et ses faubourgs, laissent vaguer des chevaux, ânes, chameaux, bœufs, vaches, chèvres, moutons, porcs, autruches et biches, sont punis d'une amende de 1 à 15 francs.

Article 1 de l'arrêté du 20 décembre 1862.

S'il y a récidive, la peine, outre l'amende, est de 1 à 5 jours de prison ou de l'une de ces peines seulement.

ART. 277.

Les animaux saisis dans les circonstances énoncées en l'article précédent sont conduits au lieu *dit* la fourrière et retenus pendant trois jours, lesquels passés, la vente en est opérée d'après les formes administratives et pour compte de qui de droit.

Article 1er du 2e arrêté du 20 décembre 1862.

Si, avant l'expiration de ce délai, ils sont réclamés, leur restitution n'a lieu qu'après remboursement des frais de nourriture et de garde.

Ces frais sont tarifés de la manière suivante :

Pour un cheval, un âne, un chameau, un bœuf, une vache..............................	2 fr. par jour.
Pour une autruche, un mouton, un porc, une chèvre, une biche..............................	1 fr. par jour.

La journée commencée compte pour une journée entière.

ART. 278.

A Gorée, quiconque laisse errer dans les rues et sur les places, des bœufs, moutons, chèvres, porcs et autres animaux, est passible de la peine portée en l'article 475, n° 7, du Code pénal.

Article 11 de l'arrêté du 7 septembre 1859.

Ceux de ces animaux qui seront rencontrés dans les rues, sur les places et les promenades publiques, seront arrêtés et mis en fourrière pendant trois jours, après ce délai, ils seront vendus administrativement pour le compte de qui de droit.

Article 12 de l'arrêté précité.

Les animaux mis en fourrière comme il vient d'être dit, ne seront rendus à leurs propriétaires qu'après le payement des frais de fourrière taxés comme suit :

Bœuf ou vache..............................	2 fr. par jour.
Mouton, chèvre, porc et autres animaux.......	1 fr. par jour.

ART. 279.

Il est défendu de tirer dans tous les centres habités, soit pendant le jour, soit pendant la nuit, des coups de fusil ou des pièces d'artifice quelconques.

Article 8 de l'arrêté du 30 novembre 1864.

Les contraventions au présent article sont punies d'une amende de 5 à 50 francs.

ART. 280.

Il est interdit à tout individu de s'interposer, à Saint-Louis et dans les banlieues, entre les gens de la grand'terre et les patentés. Arrêté du 24 mai 1862

Les contrevenants seront déférés au tribunal de simple police et punis d'une amende de 15 à 100 francs et d'un emprisonnement de 1 à 15 jours.

ART. 281.

Toute personne qui sera trouvée dégradant les arbres plantés sur les promenades publiques sera punie d'une amende de 5 à 50 francs et d'un emprisonnement de 3 à 15 jours, ou de l'une de ces peines seulement. Article 10 de l'arrêté du 21 juin 1858.

CHAPITRE III.

DE LA BOULANGERIE.

PARAGRAPHE PREMIER.

Saint-Louis.

ART. 282.

Le commerce de la boulangerie est libre à Saint-Louis et pourra être exercé par tous ceux qui en feront la déclaration au secrétariat de l'ordonnateur, avec soumission de se conformer aux dispositions suivantes.

Article 1er de l'arrêté du 20 novembre 1863.

ART. 283.

Chaque boulanger sera tenu d'avoir constamment en magasin un approvisionnement de prévoyance de farine de bonne qualité, fixé à 4,500 kilogrammes.

A cet effet, le commissaire de police devra s'assurer, tous les mois, de l'état de cet approvisionnement, et remettra procès-verbal de sa visite à l'ordonnateur.

Article 2 de l'arrêté précité.

ART. 284.

Tout boulanger qui voudra cesser de fabriquer du pain sera tenu d'en faire la déclaration à l'administration, trois mois à l'avance, pendant lesquels il pourra employer son approvisionnement de prévoyance.

Cette déclaration sera insérée dans la *Feuille officielle*.

Article 3 de l'arrêté précité.

ART. 285.

Les boulangers ne peuvent refuser au maire, au vérificateur des poids et mesures, ni aux autres agents de l'autorité, l'inspection de leurs poids, fours, cheminées et magasin d'approvisionnement, ni de se soumettre à toutes mesures urgentes d'hygiène publique.

Article 4 de l'arrêté précité.

ART. 286.

Les boulangers pourront fabriquer du pain de deux qualités : la première sera faite avec de pure farine de froment, la seconde pourra renfermer d'autres farines, pourvu qu'elles ne soient pas nuisibles à la santé.

Article 5 de l'arrêté précité.

Art. 287.

Les boulangers seront tenus d'avoir, tous les jours, du pain dans leurs magasins; ils pourront en exposer en vente dans d'autres boutiques, ou au marché, et en faire colporter dans les rues.

Article 6 de l'arrêté du 20 novembre 1863.

Art. 288.

Les pains seront de 250 grammes et multiples de 250 grammes.

Article 7 de l'arrêté précité.

Au-dessous de 250 grammes, on ne fera que des pains du prix fixe de cinq et de dix centimes dont le poids sera variable.

Tous les pains porteront la marque du boulanger.

Art. 289.

La taxe est supprimée.

Article 8 de l'arrêté précité.

Les boulangers seront obligés d'avoir constamment affiché d'une manière ostensible et lisible, dans leurs magasins, et dans tous autres lieux où ils exposeront leur pain en vente, le prix des pains à poids fixes et le poids des pains de cinq et de dix centimes.

Art. 290.

L'acheteur a le droit de faire peser le pain assujetti à la pesée, mais il ne peut en demander le poids exact qu'à la sortie du four.

Article 9 de l'arrêté précité.

Dans les vingt-quatre heures qui suivent, on tolère une perte sur le poids, cette tolérance est de vingt-cinq grammes par kilogramme.

Vingt-quatre heures après la sortie du four, on ne peut exiger la pesée du pain.

Art. 291.

Tout boulanger qui aura exposé en vente des pains assujettis à la pesée et qui n'auraient pas le poids spécifié dans les articles précédents, sera puni comme il sera dit en l'article ci-après.

Article 10 de l'arrêté précité.

Art. 292.

L'adjudicataire de la fabrication et fourniture du pain aux rationnaires, qui vendra du pain au public, sera assujetti aux dispositions du présent arrêté, sans préjudice des obligations résultant de son contrat avec l'administration.

Article 11 de l'arrêté précité.

ART. 293.

Les contraventions au présent arrêté pourront être constatées, tant par témoins que par procès-verbaux, soit du maire, soit du commissaire de police ou de tout agent de la force publique.

ART. 294.

Ceux qui contreviendront aux dispositions des articles 282, 287 et 288 du présent arrêté, seront punis d'une amende de 5 à 25 francs, et, en cas de récidive, de 25 à 50 francs. Article 12 de l'arrêté du 20 novembre 1863.

Ceux qui contreviendront aux dispositions des articles 283, 284 et 291, seront punis d'une amende de 25 à 50 francs, et, en cas de récidive, de 50 à 100 francs.

Sans préjudice des peines plus graves prévues par les lois spéciales sur la vente des denrées alimentaires et la tromperie sur les poids.

PARAGRAPHE II.

Gorée.

ART. 295.

Le nombre des boulangers est fixé à quatre, trois pour Gorée, un pour Dakar, indépendamment du boulanger munitionnaire. Arrêtés des 21 mars 1855 et 9 juin 1859.

Nul ne pourra former d'établissement de fabrication de pain tant que le nombre de boulangers fixé ci-dessus sera au complet. Article 2 de l'arrêté du 23 mars 1836.

ART. 296.

La déclaration d'établissement sera adressée, sous forme de demande, à l'officier chargé du service administratif. Article 3 de l'arrêté précité.

Elle contiendra soumission, par le déclarant, aux ordonnances et règlements concernant les boulangers : elle sera enregistrée au greffe avant l'ouverture de l'établissement.

Tout boulanger qui voudra cesser la fabrication du pain sera tenu d'en faire la déclaration, trois mois à l'avance, au fonctionnaire désigné en l'article précédent, sous peine d'une amende de 16 à 100 francs. Article 4 de l'arrêté précité.

Cette déclaration sera enregistrée au greffe.

En cas de vente ou de cession d'un établissement de boulangerie, le cessionnaire sera tenu de faire les déclarations et soumission prescrites par le présent article. Il devra prendre et Article 5 de l'arrêté précité.

continuer, sans interruption, la fabrication et le débit du pain de l'établissement.

ART. 297.

Chaque boulanger est tenu d'avoir constamment, en magasin, un approvisionnement, au moins, de 2,000 kilogrammes de farine de bonne qualité, sous les peines portées en l'article précédent. Article 6 de l'arrêté du 23 mars 1836.

En cas de récidive, la faculté de fabriquer et de vendre du pain lui sera retirée.

ART. 298.

Les boulangers ne peuvent refuser au maire, au vérificateur des poids et mesures, ni autres agents de l'autorité, l'inspection de leurs poids, fours, cheminées et magasin d'approvisionnement, ni de se soumettre à toutes mesures urgentes d'hygiène publique. Article 7 de l'arrêté précité.

Il leur est défendu d'employer des farines gâtées et des farines de différents grains mélangés, sous peine de saisie de la matière fabriquée qui sera détruite. Article 8 de l'arrêté précité.

Il leur est défendu d'employer d'autres matières que celles qui sont notoirement d'usage dans la fabrication du pain, *sous les peines portées par la loi du* 27 *mars* 1851, et de la confiscation du pain au profit des pauvres. Article 9 de l'arrêté précité.

Si le pain falsifié contient des matières nuisibles à la santé, les peines portées *par la loi du* 27 *mars* 1851 seront appliquées.

ART. 299.

Ils seront tenus de vendre le pain en boutique ou au marché public, tous les jours, depuis le lever jusqu'au coucher du soleil; ils ne peuvent en refuser à qui que ce soit. Article 10 de l'arrêté précité.

Le pain doit être bien élaboré, fermenté, bien cuit et bien essuyé. Article 11 de l'arrêté précité.

Il doit être fait dans les dimensions de 2 kilogrammes, 1 kilogramme 500 grammes, 1 kilogramme 750 grammes, 500 gr. et au-dessous. Article 12 de l'arrêté précité.

Le pain de cinq hectogrammes et au-dessus est assujetti à la taxe et à la pesée : au-dessous de cinq hectogrammes, il est réputé pain de fantaisie et assujetti à la taxe mais non à la pesée. Article 13 de l'arrêté précité.

L'acheteur a le droit de faire peser le pain assujetti à la pesée, mais il ne peut en demander le poids exact qu'au sortir du four; dans les vingt-quatre heures qui suivent, on tolère Article 21 de l'arrêté précité.

une perte sur le poids; cette tolérance est de vingt-cinq grammes par kilogramme : après ces vingt-quatre heures, on ne peut exiger la pesée du pain.

ART. 300.

Tout boulanger qui aura exposé en vente des pains d'un volume assujetti à la pesée, et qui n'auraient pas le poids spécifié en l'article précédent, sera puni des peines portées *par la loi du* 27 *mars* 1851 ; en cas de seconde récidive, la faculté de fabriquer et de vendre du pain lui sera retirée.

Article 15 de l'arrêté du 23 mars 1836.

ART. 301.

La taxe du pain sera faite, le 1er de chaque mois et plus souvent s'il est nécessaire, par une commission composée du présisident du tribunal de première instance, du maire et de deux négociants.

Article 16 de l'arrêté précité.

Il en sera dressé procès-verbal.

La taxe sera affichée dans les lieux usités et dans la boulangerie de chaque boulanger, par les soins du maire qui l'attestera au bas du procès-verbal ci-dessus prescrit.

Article 17 de l'arrêté précité.

Le boulanger qui vendra du pain au delà de la taxe sera passible des peines portées en la *loi du* 27 *mars* 1851.

Article 18 de l'arrêté précité.

ART. 302.

Tout boulanger sera tenu d'avoir un livret sur lequel il devra, avant l'ouverture de l'établissement, faire transcrire, à ses frais, le présent règlement ainsi que les articles de la loi qui y sont cités.

Article 19 de l'arrêté précité.

En tête du livret seront inscrits les nom, prénoms, âge et lieu de naissance du boulanger.

ART. 303.

Les contraventions de l'espèce pourront être constatées tant par témoins que par procès-verbaux soit du maire, soit du vérificateur des poids et mesures, soit de tout autre agent du Gouvernement.

Article 20 de l'arrêté précité.

L'adjudicataire de la fabrication et fourniture de pain aux rationnaires, qui vendra du pain au public, sera assujetti aux dispositions de la présente section, sans préjudice des obligations résultant de son contrat avec l'administration.

Article 21 de l'arrêté précité.

CHAPITRE IV.

DES MARCHÉS.

SECTION PREMIÈRE.

Du marché aux denrées alimentaires.

ART. 304.

Il est expressément défendu à toute personne de colporter, dans les rues, des denrées servant à l'alimentation.

Article 1er de l'arrêté du 1er mars 1847.

La vente de ces objets ne pourra se faire qu'aux marchés ou dans les magasins.

Toute personne qui voudra vendre habituellement au marché devra en faire la déclaration à l'inspecteur dont il sera parlé ci-après, qui inscrira sur un registre le nom et le domicile du déclarant et lui délivrera un numéro d'ordre, lequel devra être représenté à toute réquisition.

Article 2 de l'arrêté précité.

Il sera réservé un emplacement distinct aux personnes qui voudraient vendre accidentellement au marché.

L'inspecteur sera assermenté; il aura la police du marché et devra se tenir, depuis six heures du matin jusqu'à six heures du soir, dans une cabane disposée à cet effet.

Article 3 de l'arrêté précité.

Il sera sous la surveillance spéciale du maire et du commissaire de police.

Il lui sera délivré des mesures et des balances.

Il lui est expressément défendu d'exiger ou d'accepter des cadeaux, soit en nature, soit en argent, sous peine de destitution ou de plus fortes peines, s'il y échet.

Article 4 de l'arrêté précité.

ART. 305.

Tout individu qui vendra ailleurs qu'au marché ou en magasin sera traduit, sur procès-verbal des agents de la force publique, devant le tribunal de simple police et puni, s'il y a lieu, d'une amende de 1 à 15 francs.

Articles 5 et 8 de l'arrêté précité.

SECTION II.

Du marché aux arachides.

ART. 306.

Un agent spécial sera chargé, à Saint-Louis, de la police du marché de l'est.

Article 1er de l'arrêté du 10 décembre 1855.

Il tiendra, à la disposition de tout requérant, des poids et des mesures métriques.

L'agent préposé à la police du marché pèsera ou mesurera les arachides, sur la demande des acheteurs.

Article 3 de l'arrêté du 10 décembre 1855.

Les marchands d'arachides pourront stationner nuit et jour sur le marché, avec leurs produits.

Article 4 de l'arrêté précité.

Ceux qui ne voudront pas user de cette faculté pourront emporter leurs produits, mais il leur est défendu de stationner dans les rues.

Art. 307.

Les contrevenants aux dispositions de l'article précédent seront déférés au tribunal de simple police et punis, conformément à l'ordonnance royale du 26 avril 1845, de 5 à 100 francs d'amende et d'un emprisonnement de 5 à 15 jours, ou de l'une de ces deux peines seulement.

Article 5 de l'arrêté précité.

CHAPITRE V.

DES DENRÉES ET BOISSONS VENDUES EN DÉTAIL, ET DES CAFÉS, CABARETS ET BILLARDS.

SECTION PREMIÈRE.

Des denrées et boissons vendues en détail.

ART. 308.

Une commission permanente composée de :

Article 1er de l'arrêté du 12 juin 1855.

MM. le pharmacien, chef du service,
le commandant de place,
le commissaire de police,

S'assurera, chaque mois, de la qualité des boissons et des denrées alimentaires destinées à être vendues en détail.

Les procès-verbaux qu'elle dressera seront transmis au chef du service administratif.

Elle aura le droit de pénétrer dans les boutiques et magasins des marchands en détail et de se faire représenter les vins et liqueurs qui s'y trouvent.

Article 15 de l'arrêté du 26 décembre 1842 *sur la police intérieure.*

Tout commerçant chez lequel des denrées alimentaires ou des boissons falsifiées ou nuisibles à la santé, auront été trouvées ou qui en aura vendu de telles, sera puni des peines énoncées aux lois des 27 mars 1851 et 5 mai 1855.

Article 1er, § 4 de l'arrêté du 21 juin 1858.

SECTION II.

Des cafés, cabarets et billards.

ART. 309.

Il est défendu aux maîtres des cafés, cabarets et billards publics de recevoir ou de garder chez eux des militaires et marins, après huit heures du soir.

Article 1er de l'arrêté du 28 juillet 1853.

Néanmoins, les cafetiers pourront recevoir et garder chez eux, jusqu'à dix heures du soir, des militaires et marins munis d'une permission de dix heures, écrite, de leurs chefs de corps.

Article 1er de l'arrêté du 10 mai 1864.

Il est absolument défendu aux chefs de ces établissements de débiter des liqueurs fortes aux militaires et marins et de leur en vendre pour être consommées hors de leurs magasins.

Article 1er des arrêtés des 28 juillet et 26 septembre 1853.

Cette défense est applicable à tous marchands qui, par la nature de leur commerce, peuvent tenir chez eux des liqueurs spiritueuses qu'ils vendent pour être enlevées hors de leur magasins. § 2 de l'article 1er de l'arrêté du 26 septembre 1853.

Toute contravention au présent article est punie d'une amende de 25 à 100 francs et de trois à quinze jours de prison, ou de l'une de ces peines seulement. Article 2 de l'arrêté du 10 mai 1861.

La récidive pourra entraîner la fermeture de l'établissement, qui sera prononcée administrativement.

Art. 310.

Les cabarets, cafés et billards qui ne reçoivent pas des militaires ou des marins pourront rester ouverts jusqu'à dix heures du soir. Article 2 de l'arrêté du 27 mars 1849.

Après demande préalable, le chef du service administratif délivrera, s'il y a lieu, aux maîtres des cafés et cabarets non fréquentés par les sous-officiers, soldats et matelots, l'autorisation de ne fermer leur établissement qu'à minuit. Articles 1er et 2 de l'arrêté du 15 juin 1855.

En cas de tapage nocturne ou de non fermeture à l'heure fixée, l'autorisation sera retirée, sans préjudice des peines portées au Code pénal. Article 3 de l'arrêté précité.

TABLE DES MATIÈRES

PAR TITRES, CHAPITRES ET SECTIONS.

TABLE ALPHABÉTIQUE

DES CHAPITRES

DRESSÉE PAR M. VIEU, PRÉSIDENT DU TRIBUNAL DE SAINT-LOUIS.

TABLE ALPHABÉTIQUE

DES MATIÈRES

DRESSÉE PAR M. VIEU, PRÉSIDENT DU TRIBUNAL DE SAINT-LOUIS.

B

D

F

G

H

I

J

L

N

O

P

Q

R

S

T

V

SAINT-LOUIS (SÉNÉGAL). — Imp. du Gouvernement.

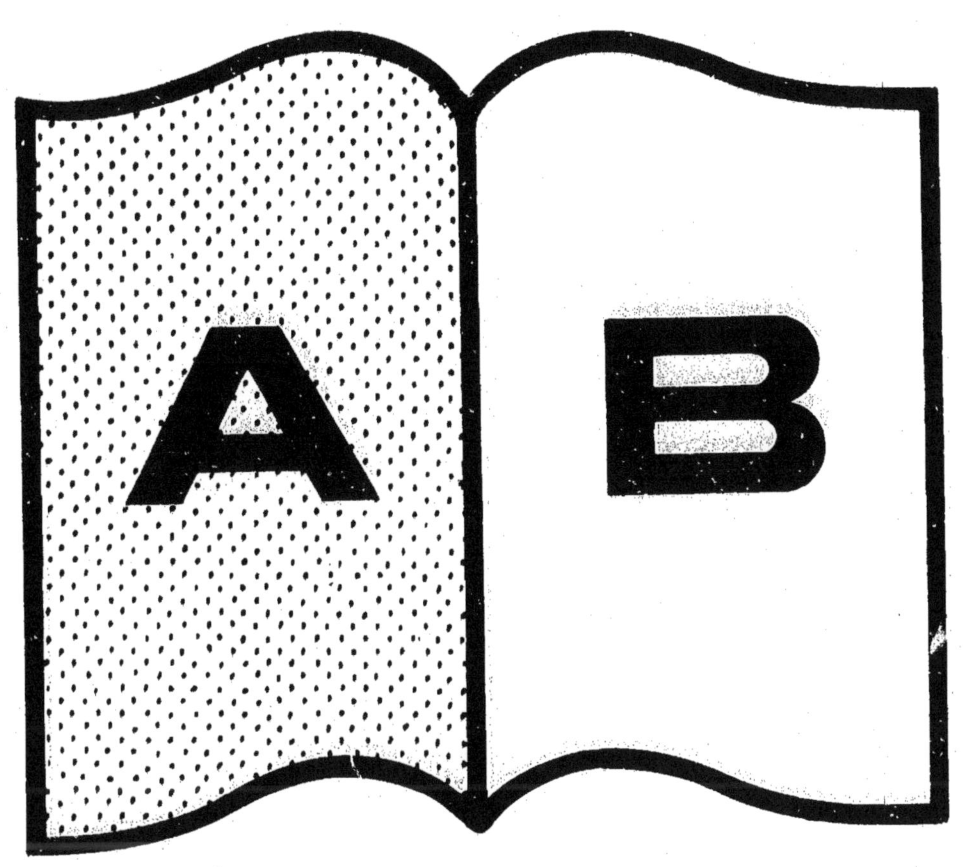

Contraste insuffisant

NF Z 43-120-14

www.ingramcontent.com/pod-product-compliance
Ingram Content Group UK Ltd.
Pitfield, Milton Keynes, MK11 3LW, UK
UKHW020210250726
13967UKWH00003B/1381

9 782012 867154